大川隆法
Ryuho Okawa

公開霊言

現代ジャーナリズム論批判

伝説の名コラムニスト

深《ふか》代《しろ》惇《じゅん》郎《ろう》は天の声をどう人に語るか

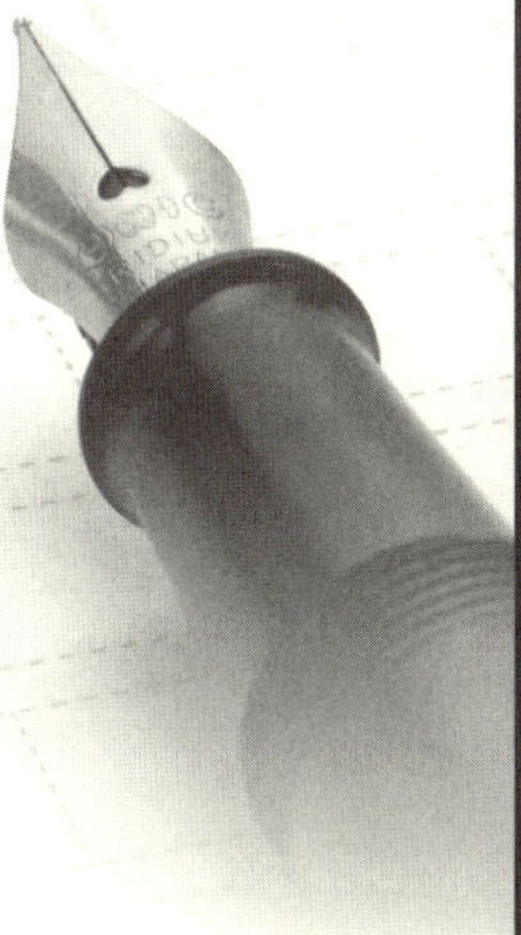

まえがき

私が大学受験期に最も読み込んだ、朝日新聞の『天声人語』は深代惇郎《ふかしろじゅんろう》氏のものだった。彼が歴代の天声人語子の中でも白眉《はくび》の伝説の名コラムニストであったことは、後に知った。本文中、追憶《ついおく》も兼ねて、『天声人語』の和文英訳、英文和訳を大学受験期にやって、英語の学力を下げた、と告白してしまった。もちろん深代さんに責任はない。高校の英語教師にもできないことに勝手にチャレンジした私自身の責任である。

これには後日譚《ごじつたん》があって、私は日本人には珍しく、英語で文章（本）が書け、英語で原稿なしで講演ができ、英語で書籍や新聞を読み流せる人となった。もし深代さんのおかげなら感謝しなくてはなるまい。

現在、朝日新聞が危機の中にあることは事実だ。しかし世間は猫の目の如く変わるのがはやい。安倍政権の連続閣僚辞任の後、消費税再増税を前に解散風も吹き始めた。

ジャーナリズムにも関心のある宗教として一言述べた次第である。

二〇一四年　十月三十日

幸福《こうふく》の科学《かがく》グループ創始者兼総裁《そうししゃけんそうさい》　大川隆法《おおかわりゅうほう》

現代ジャーナリズム論批判　目次

現代ジャーナリズム論批判

――伝説の名コラムニスト深代惇郎《ふかしろじゅんろう》は天の声をどう人に語るか――

二〇一四年十月十五日　収録
東京都・幸福の科学総合本部にて

「霊言現象《れいげんげんしょう》」とは、あの世の霊存在の言葉を語り下ろす現象のことをいう。これは高度な悟《さと》りを開いた者に特有のものであり、「霊媒現象《れいばいげんしょう》」（トランス状態になって意識を失い、霊が一方的にしゃべる現象）とは異なる。

なお、「霊言」は、あくまでも霊人の意見であり、幸福の科学グループとしての見解と矛盾《むじゅん》する内容を含《ふく》む場合がある点、付記しておきたい。

現代ジャーナリズム論批判

――伝説の名コラムニスト深代《ふかしろ》惇郎《じゅんろう》は天の声をどう人に語るか――

二〇一四年十月十五日　収録
東京都・幸福の科学総合本部にて

深代惇郎《ふかしろじゅんろう》（一九二九～一九七五）

新聞記者。海軍兵学校、第一高等学校、東京大学法学部を経《へ》て朝日新聞社に入社。社会部次長、ヨーロッパ総局長を経て、一九七三年から二年九カ月にわたって「天声人語《てんせいじんご》」の執筆《しっぴつ》を担当。「日本のマスコミ史上、最高の知性派の一人」と称《しょう》されるも、急性骨髄性白血病《こつずいせいはっけつびょう》となり、四十六歳《さい》で夭逝《ようせい》。死後、『深代惇郎の天声人語』『深代惇郎エッセイ集』『深代惇郎の青春日記』等が相次いで刊行された。

質問者　※質問順

里村英一《さとむらえいいち》（幸福の科学専務理事〔広報・マーケティング企画《きかく》担当〕）

綾織次郎《あやおりじろう》（幸福の科学上級理事　兼《けん》「ザ・リバティ」編集長）

［役職は収録時点のもの］

1 「天声人語《てんせいじんご》」の名コラムニスト・深代惇郎《ふかしろじゅんろう》を招霊《しょうれい》する

朝日新聞の誤報問題に対する他マスコミの攻撃《こうげき》と朝日の自己反省

大川隆法　以前から、「ジャーナリズム論」についても、何か一つつくっておきたいと考えていて、たまたま、「いい入り口かな」と思うものを見つけました。

この夏から、誤報問題をめぐって朝日新聞がほかのマスコミに取り囲まれて攻撃《こうげき》を受け、謝罪と防戦とをしている状態となっています。「もう廃刊《はいかん》してしまえ」とまで言っているところもあるし、批判だけしているところもあるし、いろいろです。

今朝（十月十五日）の朝日新聞朝刊の「声」欄《らん》では、新聞週間特集で見開きいっぱいに組まれ、「反省の弁」風のものや、「それでも頑張《がんば》れ」といった応援《おうえん》風の投稿《とうこう》など、いろいろと取り交ぜて、上手にバランスよく載《の》せてありました。

そのなかの一つに、「筑紫哲也《ちくしてつや》さんが生きていたら、どう言うだろうか」というような声も載っていました。これは、「あの世から声が聞こえたら」と言うべきかもしれません。

以前、当会から筑紫哲也氏の霊言《れいげん》を出しているのですが（『筑紫哲也の大回心《だいかいしん》』〔幸福実現党刊〕参照）、今回の問題については触《ふ》れていません。もう一回出すのも何ですから、別の人で、「訊《き》いてみてもいいかな」と思い当たった人がいるので、今日はそちらにトライしてみようと思います。

『筑紫哲也の大回心』
（幸福実現党）

深代惇郎《ふかしろじゅんろう》を描いた『天人《てんじん》』発刊は朝日ファンを呼び戻《もど》す秘策か

大川隆法　最近、後藤正治《ごとうまさはる》さんという人が書いた『天人《てんじん》　深代惇郎《ふかしろじゅんろう》と新聞の時代』（講談社刊）という本が出ましたが、「天人」とは、「天声人語《てんせいじんご》」の略です。若い人は、この人のことを知らないかもしれません。

こういうところは、当会も、もう少しマスコミの手法《しゅほう》を勉強しなければいけないと思うところです。これを仕掛《しか》けているのが朝日の側であることは明らかでしょう。

それは、朝日が受けている攻撃を防戦するのに、自分で防戦するのではなく、外部の人に朝日の懐《なつ》かしの名コラムニスト・深代惇郎さんを懐かしむような文章を書かせ、別の出版社から本を出すことで、その時代の朝日ファンを「カムバックサーモン」風に呼び戻《もど》そうとする作戦だと思うのです。

こういうかたちのマーケティングもあるということを知っておいたほうがよいでしょう。

当会などは、直球を投げたら直球で返ってくるような戦い方しかできませんが、だいたい、そのようにするものらしく、分からないように、他人の意見のように上手にやるのだろうと思います。

これと同じようなことをもう一つ経験した覚えがあります。

以前、「文春《ぶんしゅん》」への批判で菊池寛《きくちかん》の霊言を出し、少々手厳しい批判をしたことがあります（『「文春」に未来はあるのか』〔幸福の科学出版刊〕参照）。

それに対し、当然、文藝春秋《ぶんげいしゅんじゅう》社から出したりはしないわけで、「菊池寛は偉《えら》い人だった」というようなことを伝記で書かせ、ボソッと一年後ぐらいに別の出版社から出していました。やや弱めのものではありますが、出しています。ああいうかたちで、遠回しに反論するわけです。自分のところで出したのでは、まったくの丸見えなので、そういうことはしません。

一般《いっぱん》的にはそういう方法をするのです。

当会ではスーパーボールを投げたときのような戻り方をしますので、そのままストレートに戻ってくると思いますが、そのようにするわけですね。深代さんの伝記も、朝日の読者を取り返そうとしていることは、まず分からないような方法でしょう。ほかの出版社から外部の人が勝手に出しただけに見えます。

こういう手をよく勉強しなければいけません。「世の中というのは、それほどシンプルではない」ということを知ったほうがよいと思います。

四十六歳《さい》で急逝《きゅうせい》した「天声人語《てんせいじんご》」の名コラムニスト・深代惇郎

大川隆法 「天声人語《てんせいじんご》」は、朝日新聞の一面の下のほうに出ている看板コラムであって、これ自体が営業でもありました。「天声人語」を読ませて、ファンをつくり、購《こう》読《どく》者を増やすという戦略だったのでしょう。

深代惇郎さんが書いておられた時期は短く、三年弱のことでした。一九七三年二月から七五年十一月まで書かれ、翌月に亡《な》くなっているので、二年九カ月ぐらいです。

当時はちょうど私の大学受験期に当たる時期でしたが、「大学入試によく出る朝日新聞」というのを一つの売りにしていて、「天声人語が何校で出題された」といった広告をよく出していたと思います。

そのころはまだ高校生の身分で、マーケティングなど知らなかったので、それが朝日新聞のマーケティングであることがよく分からなかったのですが、「大学入試によく出る」と言われると、学生は朝日新聞を取らないと入試に不利になるような感じを受けるので、私も読んでいたのを覚えています。

今でも朝日新聞の販売所《はんばい》の前を通ると、やはり、「入試によく出る朝日新聞」と書いてあるので、まだ連綿と続いているマーケティング手法なのでしょう。そのようなわけで、乗せられてではありますけれども、朝日を取っていました。

深代さんが二年九カ月にわたって「天声人語」を書いていた間は、ちょうど私の受験期に当たる時期で、私が読み込《こ》んでいた「天声人語」は、この人の「天声人語」だったと思います。

病気で四十六歳《さい》にして夭逝《ようせい》したこともあったため、惜《お》しむ声が強くあります。そういう意味で、かえってネームバリューが上がっているのです。「天声人語子《し》」と呼ばれる歴代のコラムニストのなかでも、白眉《はくび》のように言われてもいます。

一般に、新聞のコラムや論説は執筆《しっぴつ》者の名前を書いていないことが多いので、誰《だれ》が書いているのか、一般人にはさっぱり分かりません。たまに名前が書かれている人もいますが、そういう人は名物スター記者で、場合によってはクビをかけて書いている人、例えば、本多勝一《ほんだかついち》氏などもそうでしょう。そういうスター記者や、コラムニストで有名な方などがいます。

コラムニストでも、普通《ふつう》は同業者にしか名前の分からないことが多いのですが、この人の名前はわりあいとよく知られています。それは、早くに亡くなったことと、亡くなられたあと、『深代惇郎の天声人語』と称《しょう》して、この人の書いた「天声人語」が何冊か本になって世に出され、ベストセラーになったこともあるからでしょう。

高校時代、「深代・天声人語《てんせいじんご》」を使って英語の勉強をした

大川隆法　以前にも少し述べたことがありますが、これに絡《から》んでは、私も因縁《いんねん》が少々あります。「大学入試によく出る朝日新聞」であり、「よく出る天声人語《てんせいじんご》」でありますので、「やはり勉強しなければいけない」と思い、「天声人語」を切り抜《ぬ》いて大学ノートに貼《は》っていました。

さらに、その翌日ぐらいの「朝日イブニング・ニュース」という英字紙に「天声人語」の英訳が「VOX《ボックス》 POPULI《ポプリ》, VOX《ボックス》 DEI《ディ》」（タイトルはラテン語）という題で出るのです。

そこで、大学ノートに貼った「天声人語」の反対側のページに英訳の切り抜きを貼って、見開き単位にしたら、二倍ぐらいの厚さのボタッとした感じのノートになってしまったのですけれども、そんな勉強の仕方をしていたこともありました。

これは、いちおう「ベンジャミン・フランクリン流」の英作文の勉強法ではありますが、「『天声人語』は簡潔な名文で、入試でよく出るとも言うし、精読しても悪くないのかな」と思い、その名文を英訳できるかどうか挑戦《ちょうせん》していたわけです。

まず「天声人語」を見て、それを英訳します。そして、「朝日イブニング・ニュース」に英訳が出たら、自分の英訳と比べてみて、添削《てんさく》します。次に、その英文の読解をしながら読み込み、和訳するとともに百字程度の大意要約もつくっていました。

さらに、「天声人語」の英文を日本語に訳したときに、日本語で書かれた名文のエッセイとして再現できるかどうか。英語に訳し、英文和訳をして再現できるかどうかという、和文英訳と英文和訳の両方を行っていました。

これは、ベンジャミン・フランクリンの文章修行法《しゅぎょうほう》にやや似ています。フランクリンは、少年時代に、当時、名文で有名だった「スペクテイター」紙のコラム等を書き写し、文章の練習をしたといいます。

これは渡部昇一《わたなべしょういち》さんも紹介《しょうかい》していたと思いますが、私もこれを行っていたことがあるのです。けっこう時間がかかるというか、肩《かた》が凝《こ》るというか、骨が折れることではありました。

学校から家に帰ってきて、カバンを置いたら、くたびれているなかで、すぐに「天声人語」を切り抜き、それを英訳し、また、英文を和訳して、ノートに貼り付けていたことを覚えています。

私が経験した英語の勉強に関する「二つの誤り」

大川隆法　ただ、そこまで聞くと美談のようにも思えるかもしれませんが、結論的に言うと、大ハズレの勉強法だったようで、ほかの人には勧《すす》めないやり方です（笑）。

もちろん、入試に出るのであれば、やったほうがよいでしょう。英語でも日本語でも、出題されるならよいとは思うのです。ところが、入試に出たと言っても、たいてい名の知られていないような学校に出るだけであり、通常、メジャーなところには出ません。それは宣伝に乗せられていただけなのでしょう。

確かに、八百字ぐらいの文章を一字一句、精読するチャンスではあったと思います。また、文章を英語に訳したり、英語を日本語に訳したりしてみるときに、短い文章で、かつ名文によって練習するという意味では役に立ったのかもしれません。

また、当時、私の高校では、高一で参考書を中心に英文法を固めて、高二で、英文解釈《かいしゃく》の参考書などを中心に英文和訳に取り組み、実力テストを行っていました。さらに、高三では、英作文を中心に学んでいたのです。

ところが、高二のとき、私は『英文をいかに読むか』という英文解釈の本を使いました。それは、朱牟田夏雄《しゅむたなつお》という東大英文科の名誉《めいよ》教授が書いた作品研究のような英文解釈の本だったので、受験生には、やや背伸《せの》びした内容だったと思うのです。

要するに、英語を教える人が見て、訳が分かれるような英文、どう翻訳《ほんやく》するか意見が分かれるような難解な英文を選んで取り上げていたので、実力者にはよいのでしょうが、高二生には程度が高かったわけです。

やはり、もう少し基本的な入試問題レベルのものにすべきだったと思うのですが、『英文をいかに読むか』を三回以上繰《く》り返して勉強したところ、英文解釈の学力が落ちました。これが、第一の〝罪〟です。

当時は、意味が分からなかったのですが、もっと簡単な、いわゆる「基礎《きそ》英文解釈」というようなものを十回勉強した人に負け始めたので衝撃《しょうげき》を受けました。難しいものに取り組んだのに、易しいものを選んだ人に負け始めたわけです。これが、英語の勉強に関する「誤りのその一」です。

そして、高二の終わりぐらいから始めたとは思いますが、高三では、英作文の勉強として、「毎日、天声人語を英語に訳す」という難行《なんぎょう》・苦行《くぎょう》に挑《いど》みました。

実は、これが、「誤りのその二」なのですが、そうすることで英作文が分からなくなってき始めたのです（笑）。むしろ、オーソドックスに、学校が指定している受験用の英作文の参考書を使って、例文を丸暗記したり、練習問題を繰り返し解いたりしていれば、成績はストレートに上がったのでしょう。しかし、天声人語の和文英訳にかかるなどという、背伸びしたことをしました。確かに、「ええかっこしい」と言えば、そのとおりですし、「田舎《いなか》の高校生が何をやっとるんだ」と言われれば、それまでのことですけれども、そういうことをやったのです。

今となっては、あの分厚《ぶあつ》い大学ノートが本当に懐かしくもあるし、恨《うら》めしくもあるのですが、やはり、「使った時間が惜しい」という気持ちがあることも確かです。

なお、夏休みが終わったころには、どうやら失敗したらしいことが自分としても分かってはいたのですけれども、失敗の理由まではよく分かりませんでした。天声人語の和文英訳をしているのに、なぜ成績が上がらずに下がり始めるのか、その意味が私には分からなかったのですが、ほかの人よりも高級なことをしているはずなのに、成績は下がり始めたわけです。

〝満点男〟だった私の成績が乱れ始めた理由

大川隆法　ちなみに、私は、高一・高二では、国語と英語で百点を取るので、わりと有名でした。語学ではなかなか百点を取れないものなのですが、国語でも、古典だけでなく、現国（現代国語）ですら百点を取っていたので、現国の先生が、「現国で百点を取るというのは見たことがないなあ」と言っていました。

当時、私の通っていた城南《じょうなん》高校は、毎年、東大に十人以上、京大には二十から三十人、医学部にも三十数人以上は受かっていた進学校だったのです。そういうところで、国語で満点を取ったりするのは、出題する側が首をかしげるようなことでした。

また、英語でも〝満点男〟であり、高一、高二と満点を取るので、「英語で満点を取るか?!」という感じで、やや不思議ではあったようです。

なかには、絶対に百点を出さないという主義の先生がいて、一点だけ引いて九十九点を付けてきたのですが、「それはおかしい」とクレームをつけ、百点に直させたりしていたぐらいです。

その先生は、「百点は出さない主義なんだ。やはり百点を出すのは間違《まちが》いで、どんな答案であろうと、とにかく一点ぐらいは引く。だから九十九点なんだ」ということで、作文なり、解釈なりに難癖《なんくせ》をつけて一点だけ引き、九十九点にするという主義の人でした。しかし、そういう人に文句を言って、百点に直させていたぐらいに〝執着《しゅうちゃく》〟していた男なのです。

ところが、朱牟田夏雄の本による英文解釈と、深代惇郎の「天声人語」の和文英訳・英文和訳に取り組んでから、乱気流のごとく成績が乱れ始めました。ただ、「この〝音楽〟の乱れはいったい何なのか」という感じで、その当時は、とうとう自分で理由はつかめなかったのですが、結局、背伸びしていたということなのかもしれません。

なぜ「天声人語《てんせいじんご》」は受験英語対策に向いていなかったのか

大川隆法　深代さんが天声人語《てんせいじんご》を書いていた時代は、ちょうど田中角栄《たなかかくえい》政権から三木《みき》政権に移っていくころだったと思います。

田中角栄批判についてもかなり書いていたし、狂乱《きょうらん》物価など、経済や政治についても書いていました。あるいは、四季折々の話題についても書いていたと思います。

つまり、基本的に日本マターの内容ではあったわけです。政治や経済、あるいは折々のいろいろな問題について書いていましたが、こういう内容は、あまり大学入試の英文解釈に出るようなものではないのです。普通、入試問題には、外国人が書いたエッセイのようなものが出るので、受験参考書もだいたいそういうものから取ってあります。

ところが、天声人語は、時事問題がテーマであったし、やや日本に偏《かたよ》った内容ではあったので、内容が完全に外れていたと言うべきでしょう。天声人語を訳したような英文は、入試には絶対出ないものであったのです。

これが実用英語の問題等であれば、ある程度ありえたかもしれませんが、やはり、大学入試用でなかったのは間違いないと思います。ただ、当時は、そのあたりのことが、よく分かりませんでした。

なお、ニューヨークにいたときに、「ニューヨーク・タイムズ」や「ウォール・ストリート・ジャーナル」を読み、日本に帰ってから、深代さんの書いた天声人語がまとめられた英文対照版の本を何冊か読んでみたことがあります。それには、脚注《きゃくちゅう》なども付いていました。かつて、自分は、〝生《なま》〟の新聞紙を使って和文英訳と英文和訳をしていたわけですが、ちょうどそのところが本になったものです。それを読んで内容を見たところ、駄目《だめ》だった理由がよく分かりました。

要するに、テーマが全然違うわけです。日本では受けるテーマであっても、一般的な英語社会では、まったく通じないテーマでした。ニューヨークで外国の新聞を直《じか》に読むことで、「ああ、これは駄目だ」ということが分かったのです。

ただ、そういう練習をしたことも、多少はどこかで隠《かく》れて効いているだろうと信じたいとは思っています。そういう意味で、普通のコラム子《し》というか、天声人語子に比べ、この人だけは頭から離《はな》れないタイプの方ではあります。私の学力を下げもし、かつ、長い目で見れば上げもした方でしょう。

私は今、実用英語系のテキストとして『黒帯英語』（宗教法人幸福の科学刊）シリーズを書いていますが、その題材は、だいたい三紙ぐらいの英字新聞と、「タイム」や「ニューズウィーク」、「ジ・エコノミスト」を中心とする英文雑誌から取っています。ただし、そういうものを参考書として使えるレベルは、かなり高いのです。

それは、受験レベルではありません。実際は、アメリカやイギリスで生まれ育って、大学まで卒業したぐらいの人でも、『黒帯英語』シリーズの内容は難しいはずです。あれは、社会人として、知的な文献《ぶんけん》を読んだり、そういうものを使ったりするような仕事をしていないと読み下《くだ》せないレベルでしょう。つまり、ネイティブでも難しいぐらいのレベルなのです。

ところが、向こうのものではなく、日本のものではありましたが、それに似たようなものに手を出したために、苦しんだわけです。

なお、「タイム」については、今も毎週発行されているアメリカの雑誌ですけれども、私は、高校生のころにも読んでいました。ただ、当時も日本で買えなかったため、アメリカから輸送されてきていたのです。同じく、「ニューズウィーク」も取っていましたが、日本語版が出るようになったために、その後は日本語版を読んでいます。

結局、「タイム」は四十年以上読んでいることになりますが、やはり、高校生には難しいレベルだったので、「タイム」を読んだり、天声人語の和文英訳をしたりしていると、だいたい受験のほうの学力からは外れていくでしょう。

あるいは、別の意味の学力がついていたのかもしれませんが、レベルが違いすぎたために分からなくて、非常に長い〝英語の地下道〟のなかに潜《もぐ》ってしまい、出てくるまでに時間がかかった記憶《きおく》があります。

「天に声あり、人をして語らしむ」が意味すること

大川隆法　少々、余計なことを話しましたが、そういう〝縁《えん》〟のあった深代さんです。彼が天声人語を書いていた期間は、二年九カ月ほどしかありませんでしたが、私が一行、一句、一字まで読み込んだ天声人語は、ちょうど、この人の書いたものであったわけです。

（『天人』の表紙を見せながら）このように顔はいいですけれども、中身はまだ分かりません。

一九二九年生まれですから、今、生きていれば、どのくらいでしょうか。

里村　八十五歳ですね。

『天人　深代惇郎と新聞の時代』
後藤正治著（講談社）

大川隆法　そのぐらいになりますか。そうなると、渡部昇一さんの前後の年齢《ねんれい》ですね。

里村　はい。

大川隆法　一高《いちこう》、東大法学部政治学科卒で、私の先輩《せんぱい》に当たる方です。七〇年代、八〇年代ぐらいには、朝日は就職先として人気があって、確か百倍以上の倍率があったかと思いますが、深代さんが天声人語を書いていたのは、そういうころでした。

ただ、朝日に入っても、天声人語を任されるようになる確率は、だいたい十年に一人ぐらいのものだそうです。要するに、毎日、天声人語を書けるような人をつくるために、いろいろな経験を積ませたり、勉強させたりしていたわけです。「十年に一人の人」をつくるために、会社として養成していたと聞いたことがありますので、深代さんは、そういう方なのでしょう。

なお、天声人語とは、「天に声あり、人をして語らしむ」ということらしいのですが、これは、つまり、「霊言」ということではないでしょうか（会場笑）。天に声がある。普通の人は、これを聞けない。しかし、聞ける人がいて、これを書く。結局、〝天声人語子《てんせいじんごし》〟というのは、大川隆法のことを言っているわけですね。私は、天の声を聴《き》き、それを書くことで人々に伝えているので、これは、ずばり、私のことですよね（笑）。

確かに、大学時代、ゼミの先生が私に対して、「私は、君を日銀や朝日新聞にだったら入れられる自信がある。推薦《すいせん》したら入る」と言ってくれたのです。しかし、その当時、私は、それに対して感動しなかったもので、たいへん申し訳なかったと思います。

新聞記者には「夜討《ようう》ち朝駆《あさが》け」のイメージが強くあって、朝の五時から政治家の家の前で待っていて、出てくるところを狙《ねら》ったり、夜中に狙ったりするのですが、私には、そんなことをする自信はありませんし、自分では、それほどアクが強いとは感じていなかったので、「それは向かないなあ」と思ったのです。

実際、難しい話かと思いますが、東大の政治学科からであれば、一人ぐらいは入れたのでしょう。ただ、それはお断りしました。

もし、朝日に入っていたら、私が天声人語を書いていた可能性もあったでしょうね（会場笑）。よく本を読み、文章を書くことが好きでしたので、そのようになる可能性もあったとは思います。

朝日に対する応援《おうえん》となるか、とどめの一撃《いちげき》となるか

大川隆法　今日は、朝日新聞も度肝《どぎも》を抜かれるというか、心臓が凍《こお》りつくかと思いますが、深代さんに、朝日問題を含《ふく》め、ジャーナリズム全体について、いろいろ訊いてみましょう。

この人の認識が、どの程度なのかが分からないため、それにもよるでしょうけれども、質問者は、霊人《れいじん》の程度に合わせて訊いてくだされば結構です。「あなただったら、これを、どう書きますか」ということですね。

この事件や、ほかのマスコミによる攻撃《こうげき》、あるいは、ほかのマスコミの様子など、

さまざまなことについて、「今なら、どう書くか」ということを訊くわけですが、親切にも、「今、まさしく『天声』を聞かせてあげなければいけないのではないか」と考えて、この企画《きかく》を行います。

今日の霊言は、朝日にとって、「汚名返上《おめいへんじょう》」になる可能性もあるし、「マーケティング」になる可能性もあるのですが、実は、それと同時に、朝日に「とどめを刺《さ》す一撃」になる可能性も極《きわ》めて高い、怖《こわ》い企画なのです。題としては、よいことが書いてあり、「現代ジャーナリズム論批判——伝説の名コラムニスト深代惇郎は天の声をどう人に語るか——」ということで、いかにも朝日の応援歌《おうえんか》のようではありますが、内容によっては、とどめの一撃になる可能性も高いのです。

どのようになるかは分かりませんが、死んだことを自覚していないような状態でないことを祈《いの》りたいと思います。いちおう、死んだことは自覚しているように感じられますが、どのように自覚しているか。そして、この世をどう見ているか。現在の言論をどう見ているか。あるいは、朝日が長らく続けてきた論調や、今、反省すべき点に立っていることを、どう見るか。ほかのジャーナリズムをどう見るか。ほかの国をどう見るか。いろいろな論点があると思うので、これらを、上手に訊いてみてください。

おたかさん（土井《どい》たか子氏）よりは認識力があることを祈りたいと思いつつ（『元社会党委員長・土井たか子の霊言』〔幸福の科学出版刊〕参照）、私も、失われた青春を返していただきたい気持ちでいっぱいなので（会場笑）、もし、何か間違いがあるのならば反省していただきたいと思っています。それによって受けた影響《えいきょう》もあるかもしれませんのでね。

では、やってみます。

里村　はい。お願いします。

大川隆法　前置きが長くなりましたが、（手を一回叩《たた》き、そのまま合掌《がっしょう》する）現代のジャーナリズムを考えるに当たりまして、名コラムニストとして有名な、天声人語の代名詞でもある深代惇郎さんをお呼び申し上げます。

現在の朝日新聞を取り巻く状況《じょうきょう》や、その他、現代マスコミ論、民主主義に絡むこと等について、われわれにご教示くださいますよう、心の底よりお願い申し上げます。

天声人語のコラムニストであった深代惇郎さんの霊よ。

どうか、幸福の科学総合本部に降りたまいて、われらの質問に答えたまえ。

深代惇郎さんの霊よ。

どうか、幸福の科学総合本部に降りたまいて、われらの質問に答えたまえ。


(約五秒間の沈黙《ちんもく》)

2 「朝日誤報事件」を天からどう見るか
質問者の予想に反して、自分の死を自覚していた深代惇郎

深代惇郎　チェッ！

里村　おはようございます。深代惇郎さんでいらっしゃいますか。

深代惇郎　まあ、そうだけどもね。うーん。

里村　ご気分は、いかがでございましょう？

深代惇郎　なんか、嫌《いや》な気配《けはい》が漂《ただよ》っている。

里村　いや、そんなことはございません。

深代惇郎　うん？

里村　そんなことはございません。

深代惇郎　あのねえ、私は、もう死んだのを知ってるよ。

里村　おお。

深代惇郎　君たちの予想に反して、死んだのは知っている。死んだのを知っているが、今、私が引っ張り出されて尋問《じんもん》を受けるっていうことは、これはどういうことか……。社長に訊《き》いてほしいんだ。

里村　ただ、今、あなたは、大川総裁が招霊《しょうれい》されてから、すぐに出てこられましたので、ご自身から……。

深代惇郎　いや、あれだけ解説っていうか、言ってくださると、そらあ、出んわけにいかんでしょう？　私の文で英語力を落としたと言われたら、それは、もう出んわけにいかんからねえ。

「社長に代わって、私が答えていいの？」

里村　深代さんは、名コラムニストとして、今や「伝説」と言われている方でして、つい最近、この地上においても伝記が出たばかりです。

深代惇郎　はあ……、そうらしいねえ。

里村　はい。さらに、時あたかも、本日、十月十五日から新聞週間ということで、今、改めて、朝日新聞を中心に新聞のあり方を……。

深代惇郎　あ！　朝日のクビを取りたいけど、もうすでに死んでる人だったら〝クビ〟の取りようがないから、それを代弁しろということかな？

里村　いえ。クビを取りたいなどということは、考えておりません。

深代惇郎　社長が辞《や》めないのが気に食わないんじゃないの？　八月から……。

里村　いえいえ。今日は本当に、そういう先入観なしで、伝説と言われている深代さんにお話を伺《うかが》いたいと思っています。

深代惇郎　うーん。

里村　まず最初に、今、朝日新聞では、いわゆる従軍慰安婦《じゅうぐんいあんふ》報道の検証記事、福島《ふくしま》第一原発の吉田《よしだ》所長の吉田調書報道、そして、池上彰《いけがみあきら》さんのコラム不掲載《ふけいさい》問題……。

深代惇郎　私に関係のないものが多いんだけど……（苦笑）。

里村　はい（苦笑）。まあ、それらが重なって、九月十一日の社長会見にまでつながったのですけれども……。

深代惇郎　うん。まあ、知ってはいるけども……。

里村　まず、「これについて、どのようにご覧になっているか」というところから……。

深代惇郎　問題になったのは、いちおう、私が死んでからあとに起きた事件ばかりだよね？

里村　はい。もちろん、ずっとあとから……。

深代惇郎　まあ、事件としては、生前に起きたものもあるけども……。いや、これを、社長に代わって、私が言っていいの？

今、深代惇郎のいる世界は、あの世のどこか？

綾織　今、深代さんご自身は、あの世のどこかにいらっしゃるとは思うのですけれども……。

深代惇郎　まあ、どっかにね。

綾織　今の朝日新聞の仕事とは、何らかのかかわりを持たれているのですか。

深代惇郎　まあ、いちおう、それは……。ハッハハッ。厳しいな。ハハハ……。

綾織　いろいろとアドバイスをされたりしている立場であるとか、そういう仕事を……。

深代惇郎「私の声がかかって、天声人語《てんせいじんご》が書かれてるかどうか」って?

里村　まさに、「天の声」として……。

深代惇郎　いやあ……。まあ、どこまでが「天」なのかなあ?　分からないけどねえ。

綾織「天」かどうかは、ちょっと分かりませんけれども……(苦笑)。

深代惇郎　「天」って、どこまで入ってるのかなあ?

綾織　「あの世」ということで、今は理解したいと思いますけれども……。

深代惇郎　東京タワーより高いところから見下ろしてるわけではないような気もするしなあ。

里村　ああ。なるほど。

深代惇郎　この世でないことを「天」って言うなら、天だわ。ああ。それはそうだよ。

今の朝日にとって、「社説」と「天声人語《てんせいじんご》」は責任重大

綾織　朝日新聞のいろいろな編集員や記者の人などに、直接的に接するような感じなのでしょうか。

深代惇郎　ええ？　なんか、最近、名コラムとしては、産経抄《さんけいしょう》のほうが人気があるらしいじゃないですか。あちらが正論の代名詞になってるらしいじゃないですか。

綾織　最近は、そうかもしれないです。

深代惇郎　ちょっと情けない状態ではありますなあ。

里村　やはり、深代さんの時代の天声人語《てんせいじんご》と比べて、最近の天声人語は、クオリティが落ちていると……。

深代惇郎　いや、そんなことはない。君たちの勉強が進んだだけなんだよ。君たちが、経験を積み、勉強を積み、年を取り、見識が高まって、書いてる人たちと、そう変わらなくなってるか、それより上になったために、そういうふうに低く見えてるだけで、若いころから見れば、それは同じなんだよ。

里村　ただ、一般《いっぱん》に、そのような説が流れていますけれども。

深代惇郎　参ったな。うーん。どうしよう。給料をもらっていないから、もう、どうでもいいと言えば、どうでもいいんだけどねえ。

綾織　ただ、いろいろと朝日新聞のことを心配されているのですね？

深代惇郎　うん。まあ、それは、関係があることはあるからさあ。

綾織　そうですね。

里村　では、どのようにご覧になっていますでしょう?

深代惇郎　いや、私は、どういう立場で言えばいいわけ?　マスコミの全体について、公正中立な、最高裁のような立場で言うのか、それとも、朝日のOBとしての立場で言えばいいの?　それとも、一《いち》コラムニストとして、「今、おまえがこれを書くのなら、どう書くんだ」ということを訊いているのか……。

里村　そうです。ぜひ、「今、天声人語でこれについて書くのであれば、どのように書かれるか」をお聞かせください。

深代惇郎　エッヘヘヘヘヘ。厳しいなあ。書きたくないなあ。ほんと、回らなくてよかった。

里村　いろいろなテーマについて、縦横無尽《じゅうおうむじん》に書かれたので……。

深代惇郎　そらあ、田中角栄《たなかかくえい》さんとかを批判するのは面白《おもしろ》いけど、自分たちが批判されるのは面白いことではないわなあ。でも、関係ないことばかりを書き続けるのも難しいわなあ。

里村　ええ。

深代惇郎　今、「社説」と「天声人語」は責任重大でしょうね。これを、どう書くか……。ほんと、言葉を一つ間違《まちが》えると、あとで、フカの群れみたいなのに、寄ってたかって襲《おそ》われるような雰囲気《ふんいき》になるから、今は、言葉選びにものすごい時間がかかるでしょうね。

「国対国の力関係」が変化し、スタンスの取り方が難しい現代

綾織　八月の慰安婦問題の検証記事には、謝罪の言葉が一切《いっさい》ありませんでした。さらに、その記事の構成としては、「ほかの新聞も書いていましたよね」とか……。

深代惇郎　へへへへ……。

綾織　「当時は、研究者も十分研究できていなかった」とかいう感じで、自分たちの責任というよりも、「だって、ほかの新聞社もやっていたから」というようなところが、非常に反発を呼びました。

やはり、今は、朝日新聞が反省すべき時期だと思いますし、「これを、どう総括《そうかつ》するか」というのは、まだ終わっていないところだと思うのですけれども。

深代惇郎　どうなんだろうかねえ。

私らのころは、中国とも国交回復をしたあとでもあるし、戦後、日本がかなり経済成長してきて、確かに、中国や韓国《かんこく》から見れば、もう、見上げるような〝経済巨人《きょじん》〟になってた時代だったので。

その意味で、余裕《よゆう》もあったけれども、そのあと、彼らも追い上げてきたんでね。だから、日本の背中が見えたり、あるいは、全体では中国が追い越《こ》したりというような時期になってるために、この関係がすごく微妙《びみょう》になってるんでしょ？「向こうが、ライバル、ないしはライバル以上になろうとしているときに、謝《あやま》ったらどうなるか」っていう問題になってきたわけよね。

こちらに余裕があって、全然、相手にならないような大人と子供だったら、「ごめんね、坊《ぼう》や」みたいな感じで言ってても、どうってことなかった。それが、実際に、ライバルなり、それ以上の力を持とうとしてるときに謝ったら、逆に、「おまえ、悪いことをしただろう」と言って、上から頭を殴《なぐ》られるような状態かな？まあ、そんなふうになってきつつある。今、そういう時代の変化があるために、スタンスの取り方は極《きわ》めて難しくなってきてるわけね。

一方、中国や韓国は、自分らの国が間違ったことを言ったりした場合に、そんなもん、一切謝罪しない国ではあるわな。にもかかわらず、「国対国の力関係」が変わったときに、日本は、今までと同じ姿勢を取り続けるかどうかっていうことだなあ。

「歴史問題」だけ捉《とら》えれば、実は、どの国も、隠蔽《いんぺい》している嘘《うそ》の歴史とか、正しくないけども国民にはそういうふうに教えてるとかっていうのはある。それは、どの国にとっても、アメリカにとっても、旧ソ連にとっても、北朝鮮《きたちょうせん》にとっても、韓国にとっても、中国にとっても、どこにとっても、おそらく同じだ。あと、日本にとってもね。だから、その意味で、日本だけが責められなきゃいけない理由は、たぶんないはずだけど。

ただ、それだけ余裕があったときはよかったんだけど、今はそれでいいのかどうか。余計付け込《こ》まれて、やられるんじゃないかと。

要するに、韓国だって、結局はそういうことで、日本を引きずり降ろして上に乗りたい感じなのかなと思うしなあ。

まあ、ここのところが引っ掛《か》かって、「慰安婦問題」のところで朝日がまだ、十分なところまで行ってないあたりで止《と》めてるから、産経のソウル支局長か?

里村　はい、そうです。

深代惇郎　引っ張られて起訴《きそ》されたっていう感じだから、「小さい国のくせに、偉《えら》そうに日本に対してやってる」っていうんで、腹立ってる右翼《うよく》側の人が、たぶん、そういるだろうし、経済人たちも、「これは、もう先行きは厳しいかなあ」とか思ってる。

ジャーナリストは、それは産経と言わず朝日だって、やっぱり、あれを見たら、気持ちいいとは思わないわなあ。だけど、ああいう国としての徹底《てってい》的な違い……。「言論に支えられた民主主義」っていう、われわれの理想的な民主主義のスタイルが、根底から覆《くつがえ》るようなものはあるわなあ。

八月以降の朝日の態度は「潔《いさぎよ》さが足りない」と語る深代氏

深代惇郎　その根源が「従軍慰安婦の強制連行」にあって、その根っこが全部、朝日にあると。もちろん、私が死んでからあと、書いた記事とかが中心ではあるんだけども。

ということになりますと、責任があると言えばあるわねえ、それは。そこのところをどうするかによって、向こうの態度が違ってくることがある。

完全な嘘だった場合は、向こうが開き直って日本を責めるっていうのは、確かに間違ってるし、大統領だって間違ってるっていうことになるわね。そういう「間違った事実」に基《もと》づいて、国論を引っ張り、国民を騙《だま》し、日本に不当な要求を突《つ》きつけ、不当に謝罪させようとして、日韓関係を悪くさせている、と。まあ、こういうことになるわけだろ？

里村　はい。

深代惇郎　うーん。だから、これは重大な問題だわね。

もし朝日が、実際は間違ってると思いつつも、自社のプライドのためだけに、「頭を下げたら社長のクビが飛ぶから、できるだけ頭を下げずに逃《に》げ延びたい」と思って、「第三者機関に投げ、その判断によって決める」みたいな感じで責任回避《かいひ》し、部数減を止《と》めつつ、社長の美しい引退を考えてるようだったら、「許せない」と思う者と、「当然だろう」と思う者とが出る。まあ、このへん、勢力がせめぎ合ってるところだろうなあ。

まあ、給料をもらってないから言いたい放題ではあるんだが、主として今の後輩《こうはい》たちの態度になるわけだけども、うーん……。やっぱり、八月の会見等からあとの態度は、若干《じゃっかん》、見苦しいかな。まあ、潔《いさぎよ》さが少し足りないかなあ。

綾織　どうすべきだったと思われますか？

深代惇郎　いや、人を責めるときは、すごく歯切れがいいからね。アッハハハハ。朝日っていうのは、人を責めるときは、すごく歯切れがよかったのに、自分が責められるときは、往生際《おうじょうぎわ》がすごく悪い感じに見えなくはないわな。

だけど、言わせてもらうと、朝日側から見れば、朝日を責めてるやつらだって、誤報をいっぱい書いても謝りゃしないっていうのは一緒《いっしょ》だよね。まったく一緒で、全然謝らない。よっぽどの証拠《しょうこ》でも突きつけられないかぎり、謝りゃしないので、すぐ裁判になるね。

3　一連の歴史認識問題の「台風の目」とは

クオリティ紙だからこそ影響《えいきょう》が大きかった「朝日の問題」

綾織　やはり、問題は世界に与《あた》えた影響《えいきょう》が大きすぎるというところですよね。

深代惇郎　そこを言われるときついなあ。

綾織　もう、世界中が、「慰安婦《いあんふ》を強制連行して、奴隷《どれい》的な扱《あつか》いをした」というのを信じてしまったので。

深代惇郎　要するに、それが、成功が失敗につながる部分だよな？　もし、一地方紙だったら、そんなものを書いたところで、どれほどの影響もないかもしれないけど、

「日本のオピニオンリーダーで、クオリティ紙と言われた朝日だったから、それを信じた」と、外国に今度は開き直られる気《け》もあるからね。「朝日が書いて、日本人が認めてるんだから、間違《まちが》いない」と、こう言われたらさあ、その責任が生じるわな。大きいものは、当然、責任が生じる。

だから、ここぞとばかり攻《せ》め込《こ》まれてるのには理由があるし、十重二十重《とえはたえ》に取り囲まれてる状態だなあ。今、籠城戦《ろうじょうせん》になってる段階で、「これで降参したらどうなるか」っていう、戦国時代と同じシチュエーションですよ。

これで降参したらどうなるか。この〝大名《だいみょう》〟、まあ、社長だな。「社長のクビを差し出したら、それでほんとに許してくれるのか」っていうのはあるんじゃない?

綾織　ただ、本当にしっかりと再出発できるかどうかというところだと思うのですが。

深代惇郎　「廃刊《はいかん》しろ」とまで言うのもあるからね。

「幸福の科学がなかったら、八月の事件まで来ていない」

綾織　私どもは廃刊までは主張していません。朝日新聞のよさもあるとは思います。ただ、一連の検証記事を見ていると、「これまでと変わらない姿勢で慰安婦問題を報道していきます」と書いてあるので、「結局、何にも変わらないんだ」というように、どうしても受け止めてしまうわけです。

深代惇郎　だからねえ、君たち幸福の科学がね、いわゆる「台風の目」なんだよ。「従軍慰安婦」とか、「南京《ナンキン》事件」とか、「中韓《ちゅうかん》と日露の関係」とか、実は、これらの中心は中心なんだ。

綾織　それは認識されているわけですね？

深代惇郎　うーん、たぶん中心だけども、君らは、「慰安婦事件とか南京虐殺《ぎゃくさつ》はなかった」みたいに、事件とか事実については攻撃《こうげき》するけど、朝日全体については、何も言わないっていうふうなスタンスを取ってるじゃない？

そして、「大学開校迫《せま》る」のなんか、全面広告を何発も朝日で打ったりしている。「廃刊せよ」と言っている右翼《うよく》の連中から見ると、実に、分かりにくい動きをしているんですよ。

事実として攻撃して、中心にいるのに、一方で、朝日新聞を使って大学開校の広告を打っている。もしかしたら、ものすごく割引して……。

里村　いえいえ（苦笑）。

深代惇郎　広告部門が安売りで載《の》せさせてる可能性もあるとは、まあ……。

綾織　最近、朝日は広告が入りにくいですからね（笑）。

深代惇郎　そうなんですよ。だから、おたくの信者が朝日を取るのをやめるのを、おたく（の広告）が入ることで止《と》めようとしてる可能性もちょっとはある。

まあ、渦巻《うずま》いているものは、いろいろと裏にはあるのかもしらんけど、〝台風の目〟のような感じ。中心にいるけど、そこにいると青空が見えて、周りにも風が吹《ふ》いてないように見えるような状況《じょうきょう》、これが幸福の科学の立場だね。

今日、やっと、その〝目〟が少し動いて、今、風と雨が始まろうとしてるところだね。私のこの切り口によっては、もう危ない。

里村　いえいえ。危ないとか、そういう意図はなくて、虚心坦懐《きょしんたんかい》にお考えを伺《うかが》っているだけです。

深代惇郎　「産経新聞にＭ＆Ａ（合併《がっぺい》・買収）される」なんていうようなことになったら、どうなるんだ？

里村　まあ、そういう、仮定の話は置いておきまして、今、深代さんが、その、「台風の目である」と。

深代惇郎　うーん……、〝台風の目〟だと思うよ。私は、幸福の科学だと思うよ、はっきり言って。

里村　幸福の科学の動きが、今回の、朝日の検証につながったと。

深代惇郎　ああ。幸福の科学がなかったら、あの八月の事件まで来てないよ。

里村　なるほど。

深代惇郎　たぶん来てない。

今、二つの〝天声人語《てんせいじんご》〟が戦っている

深代惇郎　だから、朝日に反対しているマスコミや他の新聞？　読売や産経……、まあ、産経は強いけども、中心ではあるし、それから、週刊誌もたくさん食いついてきてるけど、裏にあるのは幸福の科学だと思います。

幸福の科学の霊言《れいげん》とか、いろいろな調査の結果、「神の判定は下《くだ》された」と、みんなそう思ってるから、自信を持って廃刊まで突《つ》き進んできているわけで。

こちらに〝天声人語《てんせいじんご》〟を持ってこられてるっていうのかな？

綾織　ああ、なるほど。

深代惇郎　天の声は、今、聞こえるわけですよ、大川隆法の本を読めば。〝天声人語〟は、毎回、本になって出てるわけなんです。

綾織　なるほど。

深代惇郎　だから、戦ってるんですよ。「（朝日の）コラムの天声人語」と、「大川隆法の天声人語」が戦ってるんです。

そして、こちらのほう（幸福の科学）を信じる人が、今、増えてきつつあるわけで。黒か白で結論が見えたら、自信を持っちゃうよね。単なる、「多元的で多様な意見の対立」というのだったら、いろんな意見があって構わないけども、「事実」ということになれば白か黒だわな。それは、はっきり言ってな。これについては逃《のが》れられないけど、時間がたってるから、はっきりした証拠《しょうこ》が出せない。現実はそうだよね？だから、証拠主義で行くと、はっきりした、確実な百パーセントの証拠が出せない。これがいいところだよね？　いろいろ言い訳できるいいところだけど。

里村　うん。

深代惇郎　これについて、おたくのほうを信じる人が増えてくると、「いや、こういう〝宗教ジャーナリズム〟という手法により、証拠をつかむことができるんだ」と、こう来られた。これは初めてのやり方だよな？　これを信じる人が増えてきている。実は、朝日のなかにも増えてきている。

批判される〝痛さ〟を味わっている朝日

里村　そうですね。一説によると、この一、二年ぐらいで、部数減少が数十万部単位で……。

深代惇郎　いやあ、いやいや、厳しい話を、まあ（苦笑）。そらあねえ、いやっ、厳しい（机を一回叩《たた》く）。いや、ほかのところのだって、調べなきゃいけないからね。ほかも減ってるんだったら、インターネットとか、携帯《けいたい》とか、いろんな、そんなもののせいによって、減ってる場合もあるからさあ、それは、あれだけど。まあ、「産経が伸《の》びてる」っていう噂《うわさ》もあるので、それだったら、やっぱり、内容による戦いに変わってるのかもしれないとは思うけどねえ。
あんな大きな新聞を相手に、〝いじめの構造〟が起きてるという、まこと不思議な日本的現象。

里村　まあ、いじめとか、そういうことではなくてですね。

深代惇郎　いじめはいじめなんじゃない？

里村　真実を求める上での、一つの〝あれ〟ですから。

深代惇郎　「主人は朝日に勤めてます」なんて、昔は自慢《じまん》だったのが、今それを言ったら、「学校で子供がいじめられる」とか、「奥《おく》さんは買い物に行けない」とかね。
昔の「リクルート事件」だとか、「佐川《さがわ》急便事件」だとか、いろいろあったと思うけど、会社がやられたときに、みんなそれを味わった。そういうときに、その会社に勤めてる人は、そうなったはずなんだけども、それと同じようなことを、まさか新聞社のほうが味わうっていうね。めったにないことを、今、味わってるんですよ。

里村　そうですね。ちょっと前は、東京電力の方たちが、まさに朝日新聞の報道でそうなりました。

深代惇郎　そう、そう、そう。「東京電力に勤めてる」って言えないっていうの？

里村　はい。

深代惇郎　いじめられるからね。「買い物ができない」とか、「子供が学校でいじめられる恐《おそ》れがある」とか、そういうのがあったけど。

いやあ、人を批判する職業ではあるんだけど、されてみて初めて分かる、この〝痛さ〟っていうのが、あることはあるねえ。

4　朝日はなぜ「左翼《さよく》」になったのか

戦前から朝日の底流にある「右翼《うよく》」の部分

綾織　私たちは、ぜひ、朝日新聞は、そういう状況《じょうきょう》から抜《ぬ》け出してもらったほうがいいとは思ってるんですよ。

深代惇郎　抜け出してもらいたい？　ほお。

綾織　そのためには、「慰安婦《いあんふ》問題」もありますけれども、もう一つ、「南京大虐殺《ナンキンだいぎゃくさつ》」については、ちょうど深代さんが書いていらっしゃった時代に、本多勝一《ほんだかついち》記者が、「南京大虐殺があったんだ」という報道を始めました。それが、世界的にも常識になってしまったという流れがあります。

深代惇郎　うーん。

綾織　まあ、これについても、朝日新聞として、どう反省し、総括《そうかつ》するか。

深代惇郎　まあ、ずばりの、左翼《さよく》の左翼でもなかったんだけどねえ。戦前は、朝日は右翼だったんですよ（笑）。戦争を応援《おうえん》する側で、大本営《だいほんえい》発表を鵜呑《うの》みにして、赫々《かくかく》たる大戦果《だいせんか》を書いていた時代があった。その時代に私は生まれて、戦後、急に変わっていく時代も見た。

確かに、左翼や共産主義勢力が広がる時代のなかではあったけど、私が入社試験を受けたころは、完全な左翼だと見られると落ちる可能性があったので、作文を書かされるときには、完全な「左」と見られないように、ちょっと、「右」に寄ったように書かないといけない。それぐらいの調整はしないといけない程度のバランス感覚が、まだそのときの朝日にはあったんだよ。

里村　うーん。うん。

深代惇郎　ただ、本多（勝一）さんが活躍《かつやく》するあたりから、もっと意見がはっきりしてきたかなあとは思うんだけどねえ。

確かに、ベトナム戦争みたいなのもあったしねえ。反米の運動が、安保《あんぽ》でもあったし、中国とか、北朝鮮《きたちょうせん》側を理想化するようなものもあった。情報が十分入らなかったところもあるんだけどねえ。

そちらのほうを、いいものとして、「アメリカは悪いことをいっぱいしてる」みたいなのもあったので。

この「アメリカが悪い」っていう論調は、左翼とは必ずしも言えない面もあって、朝日の底流にある右翼の部分も、やっぱり一部あったのかなあとは思うんだけどねえ。

里村　なるほど。

深代惇郎　だけど、いちおう、現象的な左翼運動なんかと一体化してるし、丸山眞男《まるやままさお》なんかは、「私は左翼ではない」と言いつつ、書いてることは左翼だよね（笑）。まあ、そういう論調と、だいたい似てきてたのは事実だわねえ。だから、社会の全体の流れもあったんだけどねえ。

その後、ターニングポイントとしては、私のあとだけども、いわゆる、「天安門事件《てんあんもんじけん》」や「ソ連の崩壊《ほうかい》」以降に、左寄りのスタンスを、もうちょっと中道《ちゅうどう》に戻《もど》すチャンスはあったとは思うんだけど。

その中道に戻すチャンスがあった段階で、自民党の政権を崩壊させることに喜びを感じてたような朝日の経営方針が、合ってたかどうかだよね。

大手紙が「握《にぎ》らされた情報」で書くことの問題点

里村　そうすると、やや、「路線を踏《ふ》み間違《まちが》えた」というか、「路線を変えるタイミングを逸《いっ》した」と、ご覧になっていたわけですか。

深代惇郎　うーん。まあ、私らのころは、「ベトナム戦争」もあったからさあ。ベトナムで、アジアの同胞《どうほう》が殺されていて、農民兵もいたのかもしれないけど、編み笠《がさ》を被《かぶ》ったような人たちが、ナパーム弾《だん》とか、枯葉剤《かれはざい》とかでやられてるのを見て、そらあ、「アメリカを擁護《ようご》したい」っていう気持ちにはならないのでね。

どちらかといえば、アンチになってたのは、共産主義、社会主義勢力かもしれないけども、やや、そちら寄りのスタンスを取ることによって、「侵略《しんりゃく》主義的なところが、やりすぎなんじゃないか」と意見したことにも、一定の正当性はあったと思うんだよ。ただ、弱点としては、中国や韓国《かんこく》、北朝鮮もそうだけど、それらについての情報が十分には取材として取れてなかったことはあったので。一部のものが肥大化したり、流されたりして、それがスクープ記事風に載《の》せられたりするようなこともあったかとは思うんだよなあ。

だから、それを「朝日の良心」と言えるのかどうかについては、やっぱり、一定の疑問はあるわなあ。

里村　今、「情報が少なかった」とおっしゃいましたけれども、例えば、当時、本多勝一記者が南京について書くときも、中国共産党側から提供された資料をそのまま使ったことが、最近、問題になりました。本多記者は、「いや、私の考えじゃないんだ」「提供されたものを書いただけだ」というように、つい最近もお話しされたようですけれども、結局、その当時のそういう姿勢が、ある意味で今回の「従軍慰安婦」、あるいは、「吉田《よしだ》調書」の問題へと……。

深代惇郎　だから、一般《いっぱん》に取材ができないところで、向こうから特別に情報を提供されて書かされてることではあるんだけど、「書かされた」っていうのは、かっこいいことではないから、「スクープ風に、それを美化して、手柄《てがら》に変える」っていうやり方だよね。

里村　そうですね。

深代惇郎　これが、マスコミとしてフェアかどうか、あるいは、正当かどうかということだとは思うんだよなあ。

だから、情報を握《にぎ》らされて、書かされたわけではあるけど、「そういう道具として使われることが、公器《こうき》としての大きさに比して、正しかったかどうか」ということだよ。

三流週刊誌が、そういうネタをつかんで書くとかいうのは、別にあってもおかしいことではないけども、「国対国」の関係を非常に左右するような内容をつかまされて、大手のリーディングカンパニーが書くことが、よかったかどうかっていう問題はあるわな。

まあ、書いてもいいけど、小さく扱《あつか》うとかいう手も、もちろんありますからねえ。そらあ、当然、そこのところは、やっぱり検証されるべきであったとは思いますね。

里村　当時、本多記者の中国報道に関しては、一九七一年から七二年ぐらいに、いちばん多く出ています。現役《げんえき》で最も脂《あぶら》の乗ったお仕事をされたときですが、深代さんは、やはり、そこに関しては、「行きすぎじゃないか」という思いは、お持ちだったわけですか。

深代惇郎　そらあ、私もニューヨークにもいたし、それからヨーロッパの総局長もやってるからね。欧米《おうべい》の価値観は、いちおう知ってはいるから、やっぱり、ソ連や中国の怪《あや》しいところについては感じてはいたよ。

ただ、「アメリカは悪いことをしている」という批判をして、「中国やソ連も悪い」と言って、それでいいことにしたら、「日本はどうなんだ」っていうことになる。だけど、日本も戦後の反省から出発してるので、「日本も悪い」で、「全部悪い」ってことになって、「どうしようもない」っていうことになるから、何らかのところに、正義の足場を取りたかったっていうところはあるんだとは思うんだけどね。

里村　うーん。

今、変わりつつある朝日をめぐる環境《かんきょう》

深代惇郎　まあ、あれに関しては、今の中国だって、結局は一緒《いっしょ》でしょ。だから、入って自由に書けないでしょ。

里村　まったく書けないですね。

深代惇郎　まったく書けないでしょ。産経新聞のソウル（支局長の在宅起訴《きそ》）どころではないかもしれない。

もう、五日後に処刑《しょけい》されてる可能性があるからねえ（笑）。取材に入ったら、「五日後処刑」っていうのもあるので。死んだ者はもう、どうしようもない。帰ってこないからねえ。まあ、それがあるので。

意外に、ああいうのを見て、今、やっと〝産経新聞様様〟で、朝日だって、目覚めてきつつあるんじゃないですかねえ。

里村　ほお。

深代惇郎　自分たちと同胞っていうか、味方だと思ってた韓国でさえ、「なんだ。中国や北朝鮮と、あまり変わらないんじゃないか」「旧ソ連と変わらないんじゃないか」っていうの？　言論に担保された民主主義なんていうものは、ないんじゃないかっていうことを、気づき始めてはいるわなあ。はっきり言ってねえ。

里村　そうですねえ。朝日新聞も、産経新聞からヘッドハンティングで、記者を抜いたりしてますからね。そういうところは変わってきてます。

深代惇郎　うーん、まあ、そういうのもあるし、朝日出身の女性記者が法務大臣になるみたいな、なんか、ちょっと、怪《あや》しげな人事。あれ、どういう意味だろうねえ。

綾織　まあ、いろいろ、騒《さわ》がせてますけども（注。本収録後の十月二十日《はつか》、松島《まつしま》みどり法務大臣は、自分の選挙区でうちわを配ったことを野党から追及《ついきゅう》され、辞任した）。

深代惇郎　ちょっと怪しい人事で、法務に置くっていうことは、やはり、法律問題が起きたときに、〝朝日封《ふう》じ〟のために何か解釈《かいしゃく》をさせようというのと、バーター（交《こう》換《かん》）なのかね？　たぶん。

綾織　そうかもしれませんね。

深代惇郎　そうでしょうね。朝日出身の記者を、しかも女性で、批判しにくいと思って置いた。法解釈《かいしゃく》のところが、今、問題になってるんでしょ？　憲法解釈も。そういうことについて解釈をやらせたら、左翼系のマスコミや、左翼憲法学者等と戦わせるのにいいと、兵法的に考えたんだろうとは思うんだけど。

里村　死刑執行《しっこう》についても、法相批判がやりにくくなるところは、ありますよねえ。

深代惇郎　いやあ、よう考えるなあ。うーん……。

5 「南京《ナンキン》大虐殺《だいぎゃくさつ》」をつくった「朝日の責任」とは

「小保方《おぼかた》処分」に比べ、〝ぬるま湯〟の朝日の対応

里村　南京《ナンキン》の話とか、また、別に聞きたいのですが、最初に、今回の朝日新聞をめぐる問題で、「潔《いさぎよ》さがなかった」とおっしゃっていました。

深代惇郎　まあ、それは言えるわね。

里村　ずばり、どうすればよいのでしょうか。社長が、即《そく》、辞《や》めるべきでしょうか。

深代惇郎　いやあ、少なくともね、ちょっとは……（笑）。でも、いちおう、天上界《てんじょうかい》に新聞はないわけではないので。

里村　おお。

深代惇郎　届くことは届くんですよ。いちおう、霊界《れいかい》にも新聞は〝複写〟されて届く。

里村　〝霊界新聞〟ですか?

綾織　天上界なんですね?

深代惇郎　来ることは、来るんですよ。だから、いちおう、各紙、読んではいるんで。暇《ひま》ですから。各紙、読んではいる(笑)。

里村　ほお。

深代惇郎　いるんだけども、まず、こんなこともあったねえ。あなたがたも、一発撃《う》ち込んだようだけども、STAP《スタップ》細胞《さいぼう》の、小保方《おぼかた》さんか？

綾織　はい、はい。

深代惇郎　あの記者会見と、そのあとのマスコミの総バッシング？　それから、元上司が自殺して。

里村　笹井芳樹《ささいよしき》さんですね。

深代惇郎　それで、今、一年の期限執行猶予《しっこうゆうよ》付きで、早稲田《わせだ》の博士論文は、一年以内に再論文を出さないと取り消しで、十一月までにSTAP細胞ができなかったら、そっちも、懲戒《ちょうかい》処分になるみたいだね。

要するに、三十歳《さい》ぐらいの女性ですよねえ。いったん持ち上げていた、この女性研究者が取らされてる責任に比べれば、朝日の社長の態度は、まあ、うーん。片方（小保方氏）は、〝石川五右衛門《いしかわごえもん》の釜茹《かまゆ》で〟をやられてますけど、朝日の社長のほうは、「ちょっと、四十一度か四十二度ぐらいのお風呂《ふろ》に、長めに入っとれ」と言われてるぐらいには見えるわねえ。

里村　ほお。そういう意味では、まだ膿《うみ》が出し切れていない、と？

深代惇郎　ちょっとだけダメージはあるけども、即、クビを求められるほどは、責められる必要もないし、まだまだ、朝日の底力《そこぢから》を発揮すれば、ジワジワと押《お》し返していけると考えてる。一時期の嵐《あらし》が去れば、ジワジワと押し返していけると考えているところはあると思う。

本多勝一《ほんだかついち》氏に対する深代氏の見解とは

綾織　あなたご自身は、どうなのですか。先ほど、「九〇年、ソ連崩壊《ほうかい》後に、中道《ちゅうどう》に戻《もど》すチャンスはあった」というお話がありましたけれども、今、そのタイミングが、また来ているのではないでしょうか。

深代惇郎　まあ、本多《ほんだ》さんのことは、確かに、時期が絡《から》んでいるということは言えるけど、彼は彼なので、私と一緒《いっしょ》ではないから、同じには言えないけども。うーん、まあ、朝日の部数を伸《の》ばすのに使ったのは間違《まちが》いないと思うのね。

里村　当時は、ですね？

深代惇郎　ああ。スター記者を出すことで、部数が伸びたわねえ。そういう意味で、それは間違いなく、部数を伸ばすのに使って、営業に使ったとは思うんだけども。ただ、何だろうね。やっぱり、新聞記者にも、そういう、「抜《ぬ》け駆《が》け」というか、「ちょっとしたあれを、つまみ食いしてスクープにしたい」という、功名心《こうみょうしん》みたいなもんが、あることはあるんでねえ。いちおう、記者は無名にしてあるんだけどね。普通《ふつう》は無名にして、誰《だれ》が書いたか分からなくてもいいように、会社の責任になるようなところで止《と》めるように書いてはいる。だけど、自分の名前で書けるような人は、スクープと、大々的でセンセーショナルなところがあればあるほど評判になるんで。

里村　うん。

深代惇郎　自分のクビもかかってはいるけども、営業的には、すごい戦力になる可能性はあるので、使ったんだろうとは思うし、当時、それを圧倒《あっとう》的に批判するだけの材料がほかのところになかったのも事実だとは思うんだけどねえ。

まあ、私は本多さんを批判する立場にはないけども。

あの時点で中国は、文化大革命……、いや、そのあとかな?

里村　まだ、真《ま》っ最中《さいちゅう》です。終わりのほうではありましたけれども。

深代惇郎　毛沢東《もうたくとう》の終わりごろから、四人組の時代に入ってきて、あの時代は、実に悲惨《ひさん》な時代だった。多くの人が投獄《とうごく》されたり、殺されたりしてた時代だったけど、それについては、ほとんど、報道はできていないので。
その意味では、新聞としての使命は果たせてないけども、今のような、ステルス偵《てい》察機《さっき》みたいなのを送って情報を取るわけにもいかない。

里村　うん、うん。

深代惇郎　人として入国して調べるっていうことになったら、そんなに簡単ではないので、向こうの警備、監視《かんし》付きで与《あた》えられた情報しか取れない。
君らがウイグル自治区かなんかに行ったって、監視されるのと同じだ。十五分もしたらやって来る。その状態は一緒なのでね。
まあ、言い訳にしかならないけども、やっぱり、公平は欠いてたということは、私は認める。

里村　「公平は欠いてた」。はい。

深代惇郎　うん。明らかに。

里村　その反省はあるということですね。

傾《かたむ》きかけた朝日はどのように再出発したらよいのか

綾織　先ほど、「朝日新聞の良心」というお言葉もありました。やはり、基本的には、「個人の自由」を守るとか、韓国《かんこく》だったら「言論の自由」を守るとか、そういう部分については「朝日新聞の良心」というのがあると思いますし、役割を果たしてきているところはあると思います。

天上界なのかもしれませんが、あの世からご覧になっていて、朝日新聞に「こういう方向性で再出発したらいい」というのはありますか。

深代惇郎　いやあ、君らの意見なら、朝日の出身者はみんな「地獄《じごく》行き」なんだから。

里村　いや、そんなこと……。

綾織　（苦笑）

深代惇郎　「地獄」という名の天上界なんだろうと思うけどさ。たぶんね。

里村　当会にも朝日出身はおりますので。

深代惇郎　いや、たぶん地獄（会場笑）。地獄という名の天上界にいるんだと思うけども。

ただ、産経の前支局長が捕《つか》まったみたいなときに、「韓国は間違っている。それは、民主主義におけるマスコミの機能をまったく理解してない」って、一面記事でダーンと抜いてやるくらいの、度肝《どぎも》を抜くようなことをしたらいい。

綾織　なるほど。

深代惇郎　やっぱり、社長がクビになりたくないなら、「朝日として、こんなことするか」っていうような、一面にバンッと抜くくらい、その程度のことはしてだねえ、〝下〟で手を握《にぎ》るくらいの芸当はしたほうがよかったかもねえ。

綾織　確かに、産経新聞を擁護《ようご》する感じになると、非常にショックは大きいですよね。すごい衝撃《しょうげき》を受けます。

深代惇郎　衝撃だ。

朝日は「河野《こうの》談話」「村山《むらやま》談話」を見直すべき

深代惇郎　でも、外国が朝日を根拠《こんきょ》にして言ってる。「日本が認めた」っていうのは、「朝日が認めた」というのとだいたい同じだからねえ。
　やっぱり、それらもあるし、あなたがたが言ってるとおり、河野《こうの》談話・村山《むらやま》談話等？

里村　はい。

深代惇郎　村山政権なんかのときも、だいぶヨイショをかけたんだと思うけどさあ。朝日が思ったように自民党の政権を潰《つぶ》したっていうので、うれしくってうれしくて持ち上げたし、鳩山《はとやま》政権のときもたぶん同じだと思う。自分らがつくった政権だと思って「手放《てばな》し」だけど、そのあと政治責任は生じたわな。
　それについて、新聞屋として責任を取ってるわけではない。政権が壊《こわ》れたら急に部数が半分になるとか、そんなことはないからね。

だから、安倍《あべ》さんがもう一回戻ってくるなんていうのは、ちょっと予想外のことでしたね。

綾織　まさに、「河野談話も村山談話も朝日新聞がつくった」というふうに言われても、当たっていると思うんですよね。

深代惇郎　事実上、そうだと思いますよ。朝日に合わせたと思いますよ。そのほうがたぶん国際協調になって、韓国や中国等と関係がよくなると思ってただろうと思う。

その談話のあたりのころまで、リクルート事件とかがいろいろあったころだわなあ。今はそこまで行かないけれども、あのあたりは、「朝日の一面で大臣の答弁の失言とかを書かれたら、必ずクビになる」っていうような状況《じょうきょう》だったからね。

あの強さから見れば、確かに一種の権力だと思うよな。「政治家のクビを飛ばす権力」っていうのは、面白《おもしろ》いと言ったら面白いんだろうけどねえ。

6 「河野《こうの》談話」「村山《むらやま》談話」をどう見るか

旧社会党が潰《つぶ》れたのも朝日に責任はある

綾織　朝日新聞がまた国民から支持を受けるような新聞になるためには、「最終的には河野《こうの》談話・村山《むらやま》談話をどう総括《そうかつ》するか」というのは非常に重要なポイントになると思うのです。

今、これをどう考えていくべきでしょうか。どう思われますか。

深代惇郎　いやあ、天声人語子《てんせいじんごし》としては、やっぱり見直すべきだと思います。

『「河野談話」「村山談話」を斬る!』(幸福の科学出版)

里村　おお！

綾織　ああ、そうですか。

深代惇郎　うん。

まあ、今の朝日の責任について、第三者機関を設《もう》けて検査するとか、いちおう、逃《に》げを打ってはいるけれどもね。

里村　はい。そうです。

深代惇郎　せめてもの逃げだけど、直接見直しをかけなくても、いちおうは「調査の上、見直しが必要かどうかについて結論を出したい」くらいのスタンスは必要な時期なんじゃないかねえ。

里村　具体的に言うと、河野談話では、「従軍慰安婦《じゅうぐんいあんふ》は強制性があった」という「強制連行」の部分と、もう一つの村山談話のほうでは、「先の戦争が日本の侵略《しんりゃく》であった」ということに関する見直しが必要ということでしょうか。

深代惇郎　だから、村山さんとかは、朝日の意見をものすごくカリカチュア（caricature）っていうか、劇画風に、なんか面白《おもしろ》く戯文《ぎぶん》風にしたような首相だったかね。「朝日の主張を単純に言い換《か》えたらどうなるか」で政治をやったような人であって、首相になって社会党の意見を全部引っ繰《く》り返すみたいなことで、社会党が結局なくなっちゃったわけだけども。

朝日の意見に基《もと》づいて政治をやったら社会党がなくなったんなら、朝日に責任があるわな。

里村　ほお。

深代惇郎　現実はあるんじゃないか？

里村　はい。

深代惇郎　だから、そのもとなるものが違ってたっていうことは、現実にはあるんじゃないか。

里村　はい。

深代惇郎　いい政治ができたら、それは正しいんだろ？　やったら悪かった。要するに、「（社会党が）野党だったから言えた」っていうだけで、言ったとおりやったら政治が間違《まちが》うっていうんだったら、朝日はリーディングカンパニーのマスコミとして責任はあるわな。

里村　なるほど。その責任はございますね。

深代惇郎　うーん。

あの世では田中角栄《たなかかくえい》・元総理がときどき〝悪い〟冗談《じょうだん》を言いに来る

里村　そうすると、今までの路線でいろいろな報道がありましたけれども、朝日の社長が辞《や》める辞めないの問題、あるいは廃刊《はいかん》ではなくて、「朝日としては、しっかりともう一度それを検証して、新しい視点や立場、軸足《じくあし》に立つべきだ」ということですか。

深代惇郎　まあ、新聞人として批判をするのはどうしても仕事だから、「権力批判をしてはいけない」みたいなことを言うのは、ちょっとできないところはあるんだけども。

里村　はい。

深代惇郎　弱い者の味方で、「強きを挫《くじ》き弱きを助ける」みたいなのが基本的なスタンスだし、私だって田中角栄《たなかかくえい》批判をだいぶしたのでね。

里村　鋭《するど》かったです。

深代惇郎　まあ、そういう意味では他人事《ひとごと》として言えない。いや、たまに角《かく》さん来るんだよなあ。

綾織　おっ!?　そうなのですか?

里村　霊界《れいかい》で来られるのですか?

深代惇郎　うーん、たまに来るんだが、なんかねえ、あの人は人が悪いんだよ。

里村　人が悪い？（笑）

深代惇郎　人が悪くてさあ、黒い法服を着て裁判官のふりしてやって来たりするから。

里村　ええっ⁉（笑）

深代惇郎　こういう悪さをするから、あの人はいけないよ。

綾織　ほう。それで、何をおっしゃいますか。

深代惇郎　最高裁の長官みたいなふりをしてやって来て、「（木槌《きづち》で机を叩《たた》くまねをしながら）コン、コン、コン。それでは、被告《ひこく》は被告席に座《すわ》りたまえ。コン、コン、コン、コン」と言って、「（田中角栄氏の声色《こわいろ》をまねて）君は、田中角栄を批判したのは正しかったのか？　歴史的に正しかったのか？　反省しろ」と、こんな感じで言うからねえ。

里村・綾織　（笑）

里村　今、モノマネまでしていただいて、ありがとうございます。

深代惇郎　いや、だからね、ときどき来るからさあ。いちおう恨《うら》みが残ってんだよ。

〝田中角栄潰《たなかかくえいつぶ》し〟には「マスコミの驕《おご》り」があった

綾織　田中角栄《たなかかくえい》氏は天上界《てんじょうかい》に還《かえ》られていると思うのですが（『景気回復法』〔幸福の科学出版刊〕参照）、そういうお話をされる間柄《あいだがら》になっているわけですね？

深代惇郎　まあ、そら、仲がいいとは言えない。

綾織　はい。

深代惇郎　まあ、マスコミには「権力を批判することが正義だ」っていう考えは若干《じゃっかん》あったし、「監視《かんし》する」っていう仕事はあったけども、最初は〝今太閤《いまたいこう》〟みたいに持ち上げたわりには、あの撃《う》ち落とし方は小保方《おぼかた》さんと同じスタンスだったわね。

彼（田中角栄）が学歴がなくて、高等小学校卒で総理大臣になったということは、なる前から分かってたことであるから。それで、（総理に）なったときに持ち上げといて、なったあとの失政《しっせい》を、「高等小学校卒が日本国みたいな一等国の首相にはふさわしくない。品性がない」みたいな感じのほうに全部もっていくっていう感じの叩き方は、ややフェアネスを欠いてたかなあ。

それと、これだけ朝日で叩きまくっても、田中角栄さんの地元の新潟《にいがた》三区ではトップ当選を続けるみたいなの？　これが、「もう日本人でない」みたいな書き方を確かしてたと記憶《きおく》してるんだけども。

私は、やや「驕《おご》り」はあったかなあと思う。権力を批判するのはいいけど、「操作できる」とまで思ったところは、やっぱり過ぎてたかなあ。

里村 「権力を批判する側の驕り」というのが、やはり危険であるということですか。

深代惇郎 そう。驕りはある。

驕りはあって、自分らの意向で総理大臣のクビも替《か》えられれば、大臣ぐらいも替えられるんだと。

それから、政党の政策だって、「自分ら（マスコミ）がどう書くか分からないということを想定した上で、政策をつくらなきゃいけない」っていうことになったら、それが抑止力《よくしりょく》になって、「自由には政策がつくれない」というふうなことになると、若干、度を越えた部分があるかなあ。

要するに、マスコミをチェックするものはいったいどこなのか。

だから、最終的に、「国民が部数を減らす不買運動しかない」ということに、基本的になっちゃうからね。

でも、情報は、ほかから入らないということであれば、実に厳しいわなあ。

まあ、今はインターネット系型のほかの情報も少しは入るけど、ただ、メディアとしてはやっぱりメジャーにはならないし、テレビ局も新聞社の系列がみんなあるからねえ。

その意味で、テレビだから新聞をこっぴどく批判するっていうのは、必ずしもできかねる部分はあるわなあ。

7 新聞・テレビの裏にある「もう一つの言論パワー」とは

幸福の科学の言論パワーが左翼陣営《さよくじんえい》の力を削《そ》いでいる

里村　テレビのほうは法律の絡《から》みがあって、オピニオン（社説）ができないという建前《たてまえ》になっていますので、やはり新聞の影響《えいきょう》が大きいと思うのです。

今のお話は、「いわゆる権力批判においても、一定の驕《おご》りを戒《いまし》める必要がある」ということでした。

深代惇郎　ああ、それはそうだ。

里村　これは朝日新聞だけではありませんけれども、例えば、今の安倍《あべ》政権は、どちらかといえば、今までの朝日からすると嫌《きら》いな政権だと思います。

深代惇郎　それはそうでしょ。

里村　集団的自衛権に対する反論、反対の記事も、やや常軌《じょうき》を逸《いっ》したくらいのスケールの大きさ、レベルでやっています。それに関しては改めるべきですか。

深代惇郎　そらあ、もう力比べだから難しいですけどね。今は総務省になってるのかなあ？　まあ、昔はマスコミを担当したのはどこか違《ちが》ったけど（以前は郵政省が管轄《かんかつ》）、総務大臣は高市《たかいち》だったかね？

里村　高市早苗《さなえ》氏です。

深代惇郎　「靖国《やすくに》に参拝《さんぱい》に行く」とかなんか言ってる人を、電波のほうも見張る役に置いて、朝日新聞出身の女性記者だった人を法務大臣に置いて、ちょっとこの体制の組み方は、マスコミに対して一定の誘導《ゆうどう》、監視《かんし》をしようという方向は見える。というか、ある意味で、安倍政権としては、マスコミと対決する姿勢をいちおう持っているということなんだろうとは思うけどども。

まあ、「台風の目」と言いましたが、基本的には、あなたがたの力が背景には働き始めて、左翼陣営《さよくじんえい》が弱ってきてるっていうことはある。

これは間違いなく弱ってきてるし、言論パワーとして新聞やテレビの〝裏〟にあるものが、もう一つのパワーを持ってきたと思う。

保守系の政治家は「神様の考え」に弱い

深代惇郎　保守の議員っていうのは、基本的に信仰心《しんこうしん》がある人が多いので、神様の考えみたいなのはショックを感じるわけよ。だから、「神様の考えがこうだったら、いいんじゃないか」っていうふうに考えちゃうところがあるので。

いわゆる「特定秘密保護法」や「集団的自衛権」だって、最後は大川総裁が一発、本を出したので通っちゃったんじゃないの？（注。二〇一三年十二月七日に『「特定秘密保護法」をどう考えるべきか』〔幸福の科学出版刊〕、二〇一四年七月十六日に『「集団的自衛権」はなぜ必要なのか』〔幸福実現党刊〕と題して、緊急《きんきゅう》出版した）

里村　はい、その方向になっています。

深代惇郎　いちおう、そうなんじゃないの。

里村　はい。

深代惇郎　昔の〝あれ〟だったら、朝日は潰《つぶ》せたんだ。

里村　はい、そうですね。

深代惇郎　たぶん潰せた。両方とも潰せたと思うけど、大川総裁の天の意向、天声《てんせい》もあるが、国際情勢の分析《ぶんせき》の問題だと思うんだよね。

中国が考えてること等の分析から見て、やっぱり国の自衛体制を変えなければいけないっていうのと、向こう（中国）のスパイがいっぱい入ってるのを知ってるから、これを事前に押《お》さえたり、武器等の性能や米軍と共有してる軍事機密等を抜《ぬ》かれたりしたら困るっていうところのあたりでしょう。

あれが出るっていうことは、「もし、万一《まんいつ》のときに、米軍のなかに核《かく》兵器があるかどうかみたいなことを報道してもらったら困る」ということでしょう。

だから、非核三原則とかあるけどさ、「議論して撤廃《てっぱい》する」とかいうようなことをしたら、大変な時間がかかるのは分かってるから。どうせ、マスコミに叩《たた》かれるし。

そういうことをさせないで、有事体制に備えようとしてるんだろうと、たぶん思うんだけども、大川さんが意見を言ったことで、一押《ひとお》しできてしまったようなところがあると思うんです。

「特定秘密保護法」も、政府がもう断念しかかったときに本を一冊出されたし、「集団的自衛権」も、ものすごく盛り上がったときに支持する本を一発出されたら、なんか政府が押し切ってしまったし。

あと、原発も朝日系はだいたいみんな反対で、地震《じしん》以降はずーっとやってた。だいたい普通《ふつう》は天意を信じてないんだけど、ああいう自然災害のときだけ、自分たちに都合《つごう》のいいときには「政権に対する天意があった」みたいな言い方をするんだ。

だけど、天意のほうが、「そんなことはない。応援《おうえん》します」と言うので、政権のほうが〝押《お》っ取《と》り刀《がたな》〟で進めようとし始めてるということでしょう。

だから、あなたがたはかなり重要なところを今動かしてると同時に、ある意味で朝日を追い詰《つ》めたのは事実だね。

「憲法九条」に対して「土井《どい》たか子の霊言《れいげん》」の緊急《きんきゅう》出版はキツイ一撃《いちげき》。

綾織　その部分で、戦後の朝日新聞としては、「憲法九条」を一つの〝御本尊《ごほんぞん》〟としてやってこられたわけですけども。

深代惇郎　うん。そうだ、そうだ。

綾織　今、あの世に還《かえ》られていて……、天上界《てんじょうかい》かもしれませんけれども、この部分についていて、今後どうしていきますか。

深代惇郎　いや、天上界でなくてもいいですよ。もう、「地獄《じごく》の最深部」と言っても構いませんよ。

綾織　いえ、いえ（苦笑）。「そうではない」というのは少し分かってきました。

深代惇郎　もっと具体的な質問したらどう？　「尻尾《しっぽ》生《は》えてますか？」とかさ。

里村　いえ、いえ、いえ。

深代惇郎　「耳はとんがってますか?」「色は黒いですか?」とか、「牙《きば》は長いですか?」とか。

綾織　確認は、後《のち》ほどしたいと思いますけども。その、憲法九条のところですよね。

深代惇郎　うん。

綾織　この考え方をどう変えていくかです。

深代惇郎　なかなかキツイ〝弾《たま》〟だねえ。土井《どい》たか子の（霊言《れいげん》を）最近やったでしょう?（土井たか子氏の死後十二日目〔二〇一四年十月二日〕に霊言を収録し、その後、緊急《きんきゅう》出版した。前掲《ぜんけい》『元社会党委員長・土井たか子の霊言』参照）

綾織　はい。

深代惇郎　いやあ、キツイなあと思って見てました（笑）。やっぱりやるかあ。

里村　あっ、見ておられた？

綾織　あの、あなたとは全然違うというのは分かりますので。

深代惇郎　いやあ、死後十二日でしょ？　おたくはやっぱり強いねえ。強いというか、気が強いのか、恐《おそ》れを知らないのか。

それで、（新聞に）広告が載《の》るからねえ。

綾織　そうですね。

里村　載ります。

深代惇郎　信じられないですよね。はあ……（ため息）。

大川隆法が「戦後左翼《さよく》の源流」を葬《ほうむ》っている

綾織　あと、「朝日新聞の守護神《しゅごしん》」という方の霊言がありました（『現代の法難《ほうなん》④』〔幸福の科学出版刊〕参照）。

深代惇郎　アッハッハ（笑）。

綾織　そのときは宮沢俊義《みやざわとしよし》氏という元東大憲法学教授の霊が登場されて、「自分が朝日新聞の論調を決めているんだ」というふうに

『現代の法難④』
（幸福の科学出版）

おっしゃっていました。

深代惇郎　それは言いすぎかもしれないけどね。

綾織　あっ、そうですか。

深代惇郎　まあ、言いすぎかもしらんけど、「戦後の憲法体制を守るという方針の解釈《かいしゃく》の根っこにある」ということだろうとは思うけどね。

綾織　このへんの影響をどうするか。朝日新聞として考えないといけないです。

深代惇郎　いや、私らもその戦後の学者たちの出発点の影響をそうとう色濃《いろこ》く受けて、専門の勉強をした者だから、それは、影響を受けてると思う。

けれども、宮沢俊義は憲法の、そうかもしらんけど、やっぱり戦後の政治学者としては丸山眞男《まるやままさお》の影響が安保《あんぽ》とも絡めて、朝日なんかの論調にもそうとう大きなものはあったと思うんだよね（『日米安保クライシス』〔幸福の科学出版刊〕参照）。

里村　まあ、実際に「天声人語《てんせいじんご》」に引用されたこともございました。

深代惇郎　うん、うん。そう、そう、そう、そう、そう。影響はそうとう受けたと思うけども、この丸山眞男を継《つ》ぐ、要するに、カリスマ的な政治学者はいなかったわけですよ。お弟子《でし》はいっぱいいたけども。

里村　はい。

政治学的に丸山眞男《まるやままさお》を〝葬《ほうむ》って〟いる大川隆法

深代惇郎　政治学者ではないけども、大川隆法が、実は政治学的に丸山眞男《まるやままさお》を〝葬《ほうむ》って〟いるんだと思うんですよ。まだ、みんな、明確に意識しているかどうかは分からないけどね。

幸福実現党がまだ（国政選挙で）勝てていないから、そんなことが、ちょっとつながらなくて、よく分からないんだろうけども、発表しているオピニオンから見ると、丸山眞男を斬《き》っているのは、大川隆法だと思うんですよ。丸山眞男を斬っているから、朝日の〝御本尊〟までとうとう手が届いてきているんだと思うんですよね。

里村　戦後の左翼《さよく》が拠《よ》って立っているところは、すでに斬られているわけですね？

深代惇郎　そうです。だから、宮沢俊義の憲法論なんか、一撃《いちげき》で斬られるでしょう。たぶん、一刀両断《いっとうりょうだん》でしょう。おそらく、そのぐらい斬ってくると思う。

まあ、時代もあるからね。それは配慮《はいりょ》してやらないかんのだけどね。戦後の荒廃《こうはい》のなかで、ＧＨＱが万能《ばんのう》の時代に憲法体制をつくって、何とか国体を守ろうと必死の抵《てい》抗《こう》でやったわけです。

「八月革命説によって、天から与《あた》えられた憲法を護持《ごじ》する姿勢を見せることで国体を守り、諸外国からこれ以上の攻撃《こうげき》や侵略《しんりゃく》を避《さ》け、アメリカとも良好にやりながら、ご機嫌《きげん》を見ながら発展させていこう」という、本当に苦し紛《まぎ》れの兵法でやっていた時代であるので、多少の偏差《へんさ》を見てやらないといけないとは思う。

今、それが終わろうとしていて、戦後にピリオドを打とうとしている本格的な考えが出てきたんだと思うんだね。

8　朝日が必要とする「新しい根本哲学《てつがく》」とは

言論には拠《よ》って立つ「根本的な哲学《てつがく》」が要《い》る

深代惇郎　朝日新聞の内部にも、あなたがたの本の影響《えいきょう》がそうとう強く入ってきているので、実際、朝日系の人たちが、全員が全員、無神論・唯物論《ゆいぶつろん》の人だったかと言えば、そうではないんです。

たまたま、「ジャーナリズムとしての仕事ができる」ということで来た人もいるわけで、良心的であろうとした人たちではあるんだけども。いろんなことをしながら、「マスコミは流動的に動いていけるものだ」と信じているし、根本的な柱が違《ちが》っているんじゃなくて、まだまだ、いろんな時流によって変わると思っていますね。

例えば、安倍《あべ》政権が長く続けば、もちろん、この考えが固まるけど、もし、これが倒《たお》れて、人が替《か》われば、また考えが変わるかもしれないじゃないですか。そういうことがあって、根本的に社の方針みたいなものを変えたり、根本的な謝罪みたいなものをあまり残しすぎると、今度は言論が制約される恐《おそ》れがあるでしょう？　そういうことがあるからね。

まあ、朝日の社長がすぐクビにならない理由は、「韓国《かんこく》とは違う」というところでもあるわけなんです。そういう、政権によって変わるような面については、あまりにも同じく動きすぎてはいけない面があることはあるんでね。

ただ、意外に「根本的な哲学《てつがく》」が問題なんですよ。やっぱり、言論を書くには拠《よ》って立つところの根本的な哲学が要《い》る。「何に〝帰依《きえ》〟して、その言論が出てくるか」という根本《こんぽん》のところに、まず思想が要るんですよ。根本思想ね。何が正しいかという。

だから、戦後は「何が正しいか」が分からなかったために、「憲法が正しい。憲法九条の平和主義と他国との共存共栄で、日本という国を残してもらい、独立国を守らせてもらうことが、最善」というのが〝教義〟だったわけです。

そのなかの変形していた部分に、今、修正が入ろうとし始めて、根本的な哲学が説かれようとしているんだろう。

朝日に対して「全面的な排除《はいじょ》」ではない幸福の科学のスタンス

綾織　朝日新聞としては、今後、何を哲学にしてやっていくべきだとお考えですか。

深代惇郎　ただ、産経とまったく同じ論調になったら、二つは要らないよな?

綾織　(笑)そうですね。

深代惇郎　だから、どちらかがM&Aになるわねえ。恐ろしいことだけど。

綾織　ただ、「朝日新聞は弱者の味方である」というのは、悪いことではないと思いますし、「個人の幸福」や「言論の自由」とかを大切にしていくところでは生き筋《すじ》があると思います。

深代惇郎　いやあ、テレ朝だって、怖《こわ》がっているから。君たちを十分に怖がっているから。クビを狙《ねら》われているのを知っているからさあ。もう十分怖い。君たちは十分怖いんだけど。

ただ、（君たちは）間違ったところについて批判して攻《せ》めてはくるけども、「全面的な排除《はいじょ》」という、中国みたいな考え方ではないのでね。間違ったものについては、キチッと譲《ゆず》らないで言ってくるけど、「全部が全部、駄目《だめ》だ」というふうに言うわけじゃない。

里村　私どもは、そういうスタンスでやっています。

深代惇郎　うん、うん。だから、左翼《さよく》を批判しても、「弱者を守る」という考え方の全部が間違っているわけではないと理解しているとは思うんだよね。

ただ、「行きすぎたら、それは国全体の沈没《ちんぼつ》になる」というような判断でしょう？　そういう判断なので。「原発廃止《はいし》をしてもいいけど、本気でロウソクで生活をするのか。

朝日はそこまで責任を取るのか」というようなことを言っているわけでしょう？　基本的にそういうことでしょう？

里村　はい。

深代惇郎　「じゃあ、どうするんだい？　ロウソクかい？　ロウソク生活をするんだな？　ロウソクの下で、『天声人語《てんせいじんご》』を書けと言われて、おまえは納得《なっとく》するんだな？　ロウソクの下で書くんだな？　そこまで言うならいいけど、言ったとおり、全部政治がパタッと行ったら、そうなるんだぞ。それを知っているのか」と問い詰《つ》めてきているんでしょう？　たぶん、そういうことだと思うんだよ。
　だから、「きれいごとや建前《たてまえ》だけで言うんじゃないよ。リアリズムとして、その結果、どうなるのかを考えた上で発言しろよ」ということですね。ここまで来ていれば、大人なんだと思うけどね。

香港《ホンコン》は「自由」「民主主義」「繁栄《はんえい》主義」を広める道を選ぶべき

里村　深代さんは非常にバランスが取れた見方をされていると思います。

深代惇郎　それは、そうなんですよ。私の「天声人語」で、大川隆法さんは育ったぐらいですから。

里村　先ほどから、中国を厳しく見られていらっしゃって……。

深代惇郎　いや、今は厳しいですよ。やっぱり、今は厳しいですよ。「今の中国」に対しては厳しいですよ。

里村　厳しくご覧になっている？

深代惇郎　いやあ、それは、かつてのベトナムを攻撃《こうげき》していたアメリカを批判するのなら、今の中国を批判しなきゃいけないですよ。

本来の朝日なら、やっぱりそうです。今日あたりの報道では（収録時点）、香港《ホンコン》の学生のバリケードが警察に排除されて、いよいよ始まるようです。まあ、北京《ペキン》政府と戦って勝てるような勢力では、当然ありませんけどねえ。

だけど、朝日の立場から言えば、学生たちの言い分に耳を傾《かたむ》けなければ、安保《あんぽ》のときに応援《おうえん》したスタンスは失われますわねえ。

里村　そうですね。

深代惇郎　だから、「中国の一部分なんだから、黙《だま》ってろよ」みたいなことを言うわけにはいかないと思うんですねえ。

だから、やっぱりそれは、言論でもって、「中国政府は、一国二制度を五十年は守ると言ったのに、十七年で約束を破って、本土と一緒《いっしょ》にしようとしているということに対して、考えるべきではないか」と。

ついては、大川隆法が香港で講演したとおり（二〇一一年五月二十二日の英語説法《せっぽう》"The《ザ》 Fact《ファクト》 and《アンド》 The《ザ》 Truth《トゥルース》"〈「事実」と「真実」〉）、「香港の人たちは香港から逃《に》げるか、中国に呑《の》み込《こ》まれて、ただただ同じになるか以外に、『全中国に、香港の自由と民主主義と繁栄《はんえい》主義を広める道を選ぶ』という第三の道もあるんだ」と言ったと思うけど、その考え方を推《お》すべきだろうね。基本的にはね。

里村　なるほど。

大川隆法の基本的な哲学《てつがく》に則《のっと》って「正しさ」を検証すべき

里村　そういうお立場からしますと、先ほど話が出ました「憲法九条改正」や「集団的自衛権の行使」という部分について、深代さんはどうお考えになりますか。つまり、朝日のスタンスを中道《ちゅうどう》にもっていくべきであると？

深代惇郎 まあ、社長にはしてもらえていないからさあ。そこまで資格があるかどうかはねえ。

綾織 お亡《な》くなりになったので、しかたがないと思います。

深代惇郎 どうだろうかねえ。社長にもなっていないから……。

里村 いえいえ、「社長になる、ならない」は関係ありませんから。

深代惇郎 ええ?

綾織 朝日のみなさんが、これ(本書)を読まれると思いますので。

深代惇郎 うーん、朝日の「論説」と「天声人語」に、そうとう影響が出るから、言葉選びが難しいんだけど。逃げたらまた同じように言われるから、厳しいが。うーん。

まあ、朝日の人たちは、うすうすは感じているとは思うけども。宮沢俊義《みやざわとしよし》は、言論に影響はそんなにないとは思うし、特殊《とくしゅ》な憲法学者だけの問題ですけども、丸山眞男《まるやままさお》的なものは、そうとう影響を引いたし、その影響を引いている政治学者たちの言論等に則《のっと》って、政治的主張をやっていたと思います。

この丸山を〝土俵《どひょう》〟からぶっ飛ばしたのは、大川隆法なんだということを、朝日新聞の人たちは知るべきだと思う。「大川隆法の基本的な哲学《てつがく》に則って、何が正しいと考えるべきかを検証すべきときが、今、来ていると思ったらいい」ということだと思うんだよね。

(幸福の科学は) いちおう、「両方のバランスを持って見る」という大人の態度を持っていらっしゃいます。

朝日にとってみれば、朝日が猛攻《もうこう》を受けて、櫻井《さくらい》よしこさんあたりが「廃刊しろ」と金切《かなき》り声を上げて迫《せま》ってきているときに、幸福の科学大学の全面広告を載《の》せてくれるというのは、いちおう防衛のスクリーンを張ってくれているようにも見えなくもないよね。「櫻井さん、火をつけるところまでやるのはやめてください」みたいに言ってくれているようにも見えなくもないやり方ではあるから、君らが大人であることは分かる。

沖縄《おきなわ》の左翼《さよく》言論を「天声人語《てんせいじんご》」でたしなめたい

深代惇郎　まあ、基本的に幸福の科学の言う方向に時代が動くと思うよ。だから、先が読みたかったら、どうするか。政権が替《か》わるかどうかを見てから、変えていたのでは遅《おそ》いです。基本的な哲学に基《もと》づいて動いてくると思うので、それに基づいたら、どう考えるべきかということですね。やはり、現実を国民に教えることもメディアの使命だよ。マスコミとして。

だから、朝日が「琉球独立論《りゅうきゅう》」みたいなものに与《くみ》するようなことをしてはならないと思うし、「琉球新報」とか、「沖縄《おきなわ》タイムス」とか、まあ、知らんけども、そういうものが、琉球独立論風の左翼《さよく》言論で中国寄りのことをあまり言いすぎるんだったら、「天声人語《てんせいじんご》」でたしなめるぐらいのことを書きたいですね。

朝日がその根拠《こんきょ》にされているんだったら、そのぐらいはたしなめたいし、「日本人としての自覚や誇《ほこ》りは忘れちゃいけない」ということを一言《ひとこと》は書きたいですね。

9　これからの「マスコミの王様」はどこか

スマホやテレビとは違《ちが》った「新聞の機能」

里村　メディアに関して、もう一つ、お訊《き》きします。

先ほどおっしゃったように、今、ネット社会のなかで、新聞も少し〝地盤沈下《じばんちんか》〟していますが、今後、未来にわたって、ジャーナリズムも含《ふく》む「マスコミの王様」は、何になってくるのでしょうか。例えば、「『グーグル』という検索《けんさく》機能を持つ会社が、すべてを支配していく」という話もございますが、マスコミの王様は、どこになっていくと思いますか。

深代惇郎　うーん。それは厳しいわ。それは厳しい話です。

ただ、新聞等は今、「スマホを捨てよう運動」を隠《かく》れてやり始めてはいるんです。

朝日だけでなくてほかも（笑）。
だから、「高校生の九割ぐらいは、休日、土日は二時間以上スマホをいじっとる」とか書きながら、「そちらをやらずに新聞を読め」という方向に持っていきたい。ほかの媒体《ばいたい》に入ると、活字を読まなくなっていくのでね。
それから、かつてはテレビもライバルでしたけどもね。テレビの影響力《えいきょうりょく》は強いとは思いますが、テレビは流れ去ったら、すぐ分からなくなりますので。

里村　そうです。はい。

深代惇郎　やっぱり、新聞というのは、何て言うか、「確たる現実」として、一日中、持って歩けるし、切り抜《ぬ》けるしね。国会で追及《ついきゅう》するのでも、「新聞に、こう書いてある」とか言えるけど、テレビで流れたら、それを観《み》ていなければ、まず分かりませんもんねえ。同時にたくさん観れないしねえ。
そういう意味での新聞の機能はあると思う。

情報を分析《ぶんせき》した上で「神の声」を伝えている幸福の科学

深代惇郎　私が幸福の科学を見て感心するのは、宗教だけども、「神の声」を聞いて、それを伝えているだけでなくて、この世の各新聞やテレビ、いろんな雑誌等の情報をきちんと分析《ぶんせき》した上で、知った上で「神の声」を伝えているというところ。そこがはっきりしている。これは、ほかの宗教に比べたら、もう、際立《きわだ》った特徴《とくちょう》だわね。

先ほど冗談《じょうだん》めかして、大川隆法さんが、「私が『天声人語《てんせいじんご》』を書いていた可能性もある」というようなことを言っていました。「天声人語」じゃあ、儲《もう》からんから、それは独立してやったほうがいいと思いますけども、そういう意味では、見識はあるわなあ。やっぱりなあ。

だから、もう一段、幸福の科学に「権威《けんい》」があればねえ。新しい宗教だからねえ、「権威」がまだ十分ついてきていない。「見識」はあるけど、「権威」が十分ついてきていないので。

もっと権威のあるものであれば、そういう新聞社とか、マスコミ同士の争いではないところで、「あそこが言っているから、このへんで止《と》めようか」とか、「終わりにしよう」とかいうことができるんだけど、まだ、ちょっと新しいものなのでね。

こういうメディアとかは、自分らが上に立っているような気分でいたいものだけど、今、次第《しだい》にそういうところが少なくはなってきているよ。「勝てない」という感じを持っている。講談社は、もうとっくに諦《あきら》めているじゃん。

普遍《ふへん》的な原理から「善悪を判断する力」がある幸福の科学

里村　すでに二十三年前に、大川総裁は、「宗教自体が巨大《きょだい》なマスコミであることを忘れてはいけない」というような発言をされました（『ダイナマイト思考』〔幸福の科学出版刊〕参照）。

深代惇郎　そう。「第五権力としての宗教」といって、「善悪を判断するのは、マスコミだけではない。善悪を判断するには、宗教が最も適した組織の一つだ」ということですね。

だから、その善悪を判断するのに、教団の利害だけで判断するのではなくて、普遍《ふへん》的な原理から、あるいは、世界的、地球的なレベルから善悪を判断する力があれば、それは新しい「第五権力」になりうるということでしょう？　それが、九一年の〝フライデー革命〟の本当の意味でしょう？

里村　そうですね。

深代惇郎　たぶん、そこまで見通していたはずです。これに実は裁判所がついてきたんだね。

マスコミは完全な〝善〟だった。だから、戦後の憲法学者たちは、要するに、「言論の自由は最高のもので、それを自由に戦わすことで、最後、決まればいいんだ」と。まあ、何て言うか、「パチンコの玉がどこに入るかは、いろいろ打ってみないと分からん。最後は、たくさん入ったところがいい台だったんだ」というふうな言い方だったわね。

それに対して、「そんなものじゃなくて、一本、キチッと善悪の筋《すじ》はあるんだ」ということを言ったわけだね。これはマスコミにとっては、脳天にピストルの弾《たま》を撃《う》ち込《こ》まれたようなものだと思いますねえ。

だから、その後、なかなか認めたくはないけど、非公式に、みんな、そうとうな影響を受けてはいるのでね。

ただ、今、幸福の科学の霊言集《れいげんしゅう》をはじめ、いろんなものの宣伝をしていると同時に、霊感商法をやっているようなところに対する取り締《し》まりは、逆に強くなっているんですよ。便乗《びんじょう》してくるのが必ず出るから。便乗犯が出るので、便乗で詐欺《さぎ》をするやつみたいなものは排除《はいじょ》しなきゃいけない。これに対して厳しくなきゃいけないんだけど、そのへんの微妙《びみょう》なところを伝え切れないでいるわな。

でも、「『天声人語』の意味は霊言じゃないですか」というのは、そのとおりであるので。今、「天声人語」が要《い》らなくなったと言えば、そのとおりなんです。

里村　（笑）なるほど。分かりました。

あの世で「保守の政治家」から糾弾《きゅうだん》されている？

綾織　今日、お話をお伺《うかが》いしていると、かなりご見識も高いというのが分かります。

深代惇郎　いやあ、どうせねえ、地獄《じごく》の〝大サタン〟ですよ。どうせ、〝大サタン〟なんだと思いますよ。きっとね。

綾織　いえいえ（苦笑）。

深代惇郎　「朝日の守護神《しゅごしん》」と名乗る〝悪魔《あくま》〟は、私でしょう。

里村　とんでもございません。

綾織　「田中角栄《たなかかくえい》さんと交流がある」ということですが、普段はどういう方とご一緒《いっしょ》されていますか。

深代惇郎　いやあ、あのころはねえ。まあ、ちょっと、朝日の悪いところでもあるけどね。ちょっと学歴主義みたいなのはあったからね。表向きは、「学歴社会はいけない」と言いつつ、経歴を書かないでね。大学とか書かないようにしたりしつつ、「週刊朝日」のほうではたくさん書いていたし、「東大」を書きまくったりしていたけど。

綾織　角栄さん以外の人では、誰《だれ》がいらっしゃいますか。

深代惇郎　いやあ、きついね。でも、仕事柄《がら》、政治家とか、ジャーナリスト、文人《ぶんじん》等とは交流がけっこうある。一通《ひととお》りありますす。

あとは、そうだねえ。角栄さんと、三木武夫《みきたけお》の戦いねえ。あれをやって、基本的な路線としては社会党のほうを応援《おうえん》したんだろうけど、それが壊滅《かいめつ》してしまったことは、霊界《れいかい》では、いちおう問題にされている。「落とし前をつけなきゃいけない」ということで、叱《しか》られる方はけっこういますよね。だから、保守の政治家で亡《な》くなった方等が集まってきて、私を糾弾《きゅうだん》する会とかをよくやっている。

綾織　ああ、そうですか。

深代惇郎　私をはじめ、歴代の朝日の社長とか、編集員とかに対する、〝吊《つ》るし上げ座談会〟はありますよ。

以前、霊言《れいげん》を収録した「筑紫哲也《ちくしてつや》」との関係

綾織　筑紫哲也《ちくしてつや》さんが……。

深代惇郎　ああ、知ってます。

綾織　以前、霊言《れいげん》の収録があったのですが、地上で活躍《かつやく》されていたときと、かなり考え方が変わっていらっしゃいました（前掲《ぜんけい》『筑紫哲也の大回心《だいかいしん》』参照）。

深代惇郎　本多勝一《ほんだかついち》さんとかは、裏切り者だと思っているでしょう。「何だ何だ、自分だけええ格好して。そんなはずはねえ」という……。

綾織　（筑紫哲也氏と）お話をされたりしますか。

深代惇郎　うーん、あるよ。

綾織　ああ、そうですか。

深代惇郎　うん、うん。あるよ。それはね。

“朝日の改心”のために「天声人語《てんせいじんご》」をしようとしている

綾織　（筑紫哲也さんと）同じようなところにいらっしゃるのですか。

深代惇郎　うーん。同じようなところか……。あいつ、何か、「天使の羽が生《は》えてる」って言ってた？

綾織　実際どうかは、ちょっと分かりませんが（注。筑紫哲也は霊言で「残念ながら、地獄じゃないんだよ」とだけ語っている。前掲『筑紫哲也の大回心』参照）。

深代惇郎　ふうーん。まあ、でも、地獄の悪魔も羽が生えてるんじゃない？　黒い羽は。ツンツンツンと爪《つめ》が付いたやつ、な？

里村　まあ、そうです。

綾織　その場合もありますね。

深代惇郎　ねえ。「羽が付いてる」とだけ言っときゃ分からないがな。まあ、そうかもしらんけども。

綾織　ええ（笑）。

深代惇郎　うーん。俺《おれ》は、ちょっとさあ、そらあ、長生きしたらどうだったかは分かんないけども、いちおう、惜《お》しまれつつ死んだ部分があるので、「何とか、〝朝日の改心〟の役割に使えないかどうか」ということで、いろんなところから、つつかれてはいるわけよお。

里村　ほお！

深代惇郎　だから、今、まさしく、「天声人語」をやろうとしてるところではあるんだけどねえ。

まあ、それぞれに機能を果たした面はあったと思うよ。全部が悪とは思ってないので、機能を果たしてるし、今だって、権力が悪を……。

まあ、安倍《あべ》さんだって、支持は高いけどね。今は、六十パーセントぐらいあるんかもしらんけども、支持があっても間違《まちが》うことはあるでしょう。これも、ないとは言えない。

里村　はい。

深代惇郎　「軍事的」にも、「外交的」にも、「経済的」にも、間違いはあるかもしれない。でも、そのときに、どこが止めるか、攻撃《こうげき》するかっていったら、やっぱり、朝日に期待されるところはある。

そういう攻撃力があるところは大事な部分ではあるから、韓国《かんこく》のまねをして、完全に取り潰《つぶ》したりしないほうがいいとは、私は思うけど。やっぱり、やりすぎたところについての反省は、もうちょっとしなきゃいけないかなあと思います。

「第五権力」としての「幸福の科学」が立ち上がってきている

深代惇郎　だから、「第五権力」としての宗教が立ち上がってきて……。もう、宗教じゃないね。「幸福の科学」だね。

里村　ほお。

深代惇郎　うーん。宗教は関係ないわ。ほかの宗教は関係ないもん。だって、ほかの宗教は、全然分からないもん。

幸福の科学と反対の動きをして、新宗連《しんしゅうれん》とかは、民主党の応援で動いてるんだから、これは、たぶん、何にも分かってない。そら、新聞社や週刊誌のほうが、よっぽど見識があるんですよ、ほかの新宗教よりはね。

それに、創価学会《そうかがっかい》が（朝日と）同じ運命をたどっていて、中国との架《か》け橋をやって、日中新時代をつくって、「第三文明」とか言ってたのが、哀《あわ》れにも、もはや、その哲《てつ》学《がく》が終わったんだよね。

里村　ええ。

深代惇郎　限界が来てしまったので、実に苦しい。

里村　なるほど。

深代惇郎　今、創価学会は実に苦しんでる。池田《いけだ》（大作《だいさく》）が死ぬのを待ってるだけなんだと思うけど、もう言うことがないんです。

里村　ありませんね。

深代惇郎　政治的なことについて言うことが何もなくなって、「（自民党の）ブレーキ」とか言ってるけど、分からないから、「とりあえずブレーキを踏《ふ》んで遅《おく》らせる」っていうこと以外に、政治的な仕事は何にもない。「こうしたほうがいい」っていうのは、実は、何もないんですよ。

綾織　そうですね。

深代惇郎　だから、あれは、もう、使命が終わろうとしてるんです。公明党は、ああ見えて、使命が終わろうとしてるから、そうは言ったって、きっと、池田さんとともにあの世に旅立つことになる。だから、君たちの幸福実現党も、諦《あきら》めずに、もうちょっと頑張《がんば》ってなさいよ。

社会党も、あんな社民党になって、社民党（の議員）が五人になったら、次は、いよいよ、「そして誰もいなくなった」になろうとしてるんだろう?

里村　うーん。そうですね。

深代惇郎　だから、何か出てこなきゃいけないわけだ。代わりにね。

里村　ええ。

深代惇郎　公明党だって、見たら、政策的には、もうないよ、はっきり言って。だから、ああいうふうな、「中国寄りで、タカ派政権にブレーキをかける」っていうだけでは、たぶん、もたない。

もうすぐもたなくなると思うので、そうしたら、君らが期待されるときも来るから。まあ、政党のほうも潰《つぶ》れかけに見えるかもしらんけど、やっぱり、もうちょっと粘《ねば》ったほうが……。

里村　いや、潰れかけではございません。

深代惇郎　え、潰れかけじゃないの？

里村　潰れかけていません（笑）。はい。もう、頑張っております。

深代惇郎　ああ、そう。なんせ、「会員数よりも投票数が少ない」っていう、珍《めずら》しい宗教だからさあ。

里村　次を期して、また、頑張っていきます。

深代惇郎　まあ、会員に投票の自由があるんだろうけど……。

10 名コラムニスト・深代惇郎の「大物」の過去世《かこぜ》を探《さぐ》る

自身の過去世《かこぜ》についての認識はあるのか

里村　それだけのご見識をお持ちですと、深代さんは、「霊界《れいかい》」ということを、きちんと認識されておられるということですね。

深代惇郎　うん。分かってるよ。

里村　ご自分の過去世《かこぜ》については、ご存じですか。

深代惇郎　ああ、そんなんでまた、また……。

里村　もう、最後の質問になりますけども、おそらく。

深代惇郎　（舌打ち）朝日の記者に、そんなことを言わせるかあ。

里村　いや、関心はありますよ。「天才」といわれた名コラムニストが……。

深代惇郎　いや（笑）、君、うまいなあ。もうほんっとに、もう。

里村　いえいえいえ。

深代惇郎　もう、参ったねえ。今は、天才っていったら、「綾織」って言うんですけど。

里村　いやあ（笑）。まあ、それは、そうでございますけども……。

深代惇郎　ええ？　もう、「綾織編集長が産経新聞を仕切ってる」っていう話だから。

綾織　いえいえ。そんなことはありません（笑）（会場笑）。

深代惇郎　ええ？　天才なんじゃないの？

里村　深代さんは、伝説でいらっしゃいますから、その伝説に、もう一つ、「過去世」という伝説を加えたいと思います。

深代惇郎　参ったなあ。もう、ああ……。

里村　ということは、ご認識されていますよね。

深代惇郎　ああ、それは知ってるよ。うん。

里村　どなたでいらっしゃいますか。

深代惇郎　もちろん知ってるけど、うーん、でも、まあ……。

里村　お願いいたします。

深代惇郎　どっちも、やった仕事としては、大した仕事ではないんだよなあ。

里村　いえいえ。

過去世《かこぜ》は明治維新《いしん》期に活躍《かつやく》した儒学《じゅがく》者

綾織　「ジャーナリズムの仕事をしている人が、過去世《かこぜ》ではどういう仕事をしていたのか」ということについて、非常に関心があるのですが、過去世では、どういう種類の仕事をされていたのでしょうか。

深代惇郎　いや、だから、今回（の転生《てんしょう》）は、仕事が大したことないんだよ。すぐ終わっちゃったんだ。ピッと、線香《せんこう》花火みたいに……。

綾織　いやいや。名前は遺《のこ》っていますので。

深代惇郎　うーん、まあ、昔は、もうちょっと偉《えら》かったときも、一時期……。

里村　学者でいらっしゃいますか。

深代惇郎　まあ、そうだね。

里村　日本の学者ですか。

深代惇郎　うーん。うん。

綾織　ほう。それは、江戸《えど》時代とかでしょうか。

深代惇郎　うーん、まあ、君たちも明治維新《いしん》がお好きで、いろんな人も、いっぱい生まれ変わっていらっしゃるって聞いてるけど、（当時は）日本がどう進路を取るべきか、どっちが右か左か、分からない時代だよねえ。「攘夷《じょうい》」「開国」、ねえ。

里村　ほお！

深代惇郎　「佐幕《さばく》か」「倒幕《とうばく》か」と、いろいろ意見が割れてるようなときっていうのは、今の私みたいな言論人は、やっぱり、意見を言いたい時代だよね。だから、その時代にいたことはいた。

綾織　なるほど。ほお。

深代惇郎　まあ、どちらかといえば、「武士的に革命を起こす」というよりは、「言論思想で、意見を言っていた」というふうに取ったほうがいいかな。

里村　水戸《みと》でいらっしゃいますか。

深代惇郎　あのね、朝日の人に「水戸」っていうのは、ないんじゃない（笑）。

里村　そうですよね。あまりにも……。

深代惇郎　さすがにちょっと、どうでしょうか。言い方を間違《まちが》っとるんじゃないの。

それは、さすがになあ。
うーん、まあ、横井小楠《よこいしょうなん》っていう名前……。
綾織　あっ！
里村　ええ!?　横井小楠先生で。
深代惇郎　だから、今回はちょっと駄目《だめ》だって言ってるじゃないの。
里村　いえいえ。

宗教戦争や改革時にはヨーロッパにも転生《てんしょう》した

綾織　横井小楠先生でいらっしゃいますと、以前に霊言《れいげん》の収録もありまして、そのときには、ものすごい構想力を示されていたのですが、一つ、「過去に、どういう転生《てんしょう》をされているか」という点が、謎《なぞ》だったのです（『横井小楠　日本と世界の「正義」を語る』〔幸福実現党刊〕参照）。

深代惇郎　うーん、ヨーロッパの勉強をもうちょっとすると、はっきりと分かるわ。

綾織　はい。

深代惇郎　ヨーロッパの勉強をよくすると、分かると思うな。ヨーロッパのほうに出てるので、ちょっと、宗教戦争とか改革のとき等に、やっぱり、ある種の言論を張ってはいたんですけどねえ。

綾織　ほう。

『横井小楠　日本と世界の「正義」を語る』（幸福実現党）

横井小楠（1809～1869）
熊本藩士。儒学者。「維新の十傑」の一人。富国強兵等を説いた「国是三論」や、幕政改革の指針を示した「国是七条」は、明治維新にも大きな影響を与え、明治政府成立後、参与に任じられたが、明治２年に暗殺された。

里村　イギリスでいらっしゃいますか。

深代惇郎　うーん、イギリスじゃないかもしんない。

里村　イギリスではないかもしれないのですね。

深代惇郎　まあ、新教も、ルター一人でできたわけじゃないからね。

里村　はい。カルバンもいらっしゃいます。

深代惇郎　うーん、そういう〝あれ〟ではないけどもねえ。まあ、ちょっと、あんまり釣《つ》り合わないから、これは、〝深代《ふかしろ》〟じゃない、〝深入《ふかい》り〟しないほうがいいんじゃないか。

「切れっ端《ぱし》の地獄《じごく》担当のコラムニスト」とかわす深代氏

里村　（会場から声が上がる）うん？

深代惇郎　まあ、「嘘《うそ》だ」と言ってる人もいるから。

里村　（会場から「いえ、違います」と声が上がる）ええ。

深代惇郎　（聴聞席《ちょうもんせき》を指差しながら）「嘘だ」と言ってる人もいるじゃない。ええ？　長野《ながの》県出身あたりで、「嘘だ」って言ってる人がいるんじゃないか。あのへんに。

里村　いえいえいいえ。たくさんの偉人《いじん》が出ておられますので。そこだけ、最後にお訊《き》きしたいのですが、やはり、宗教戦争のころのヨーロッパは、政教分離《ぶんり》というものが出てきた時代ではございますので……。

深代惇郎　うーん、まあ、「ちょっと協力したことがある」というぐらいで……。何、なんか、うるさい人がいるなあ。

里村　（会場から「以前、大川総裁のほうから……」と声が上がる）え？

深代惇郎　うーん？　（聴聞席の声に耳を傾けながら）「世界的魂《たましい》」？

綾織　そのようなコメントが、横井小楠の霊言の解説で、大川隆法総裁から出されています（前掲《ぜんけい》『横井小楠 日本と世界の「正義」を語る』参照）。

里村　非常に大きな魂……。

深代惇郎　ああ、じゃあ、私は今、切れっ端《ぱし》の、切れっ端の、切れっ端の、地獄《じごく》担当のコラムニストなんですよ。

綾織　いえいえ。

深代惇郎　地獄担当のコラムニストなの。

里村　いえいえいえ。もう、これだけのお仕事があるわけですから、「それは違うな」ということが、よく分かりました。

深代惇郎　いやいや。もうねえ、マスコミの仕事なんか、ほとんど地獄界の調査ですからね。「どこが悪さしてるか」っていうことを調査してる。

「私がもう少し長くいたら、朝日は違《ちが》っていたかもしれない」

里村　やはり、そういう「世界的魂」を持っているような方が、ジャーナリストとして生まれ、地上で、いろいろと見聞《けんぶん》を広められたりされたのですね。

深代惇郎　朝日の主張に合わないから、早く〝殺された〟んじゃない。天命によりね。

里村　天命により、引き上げられた？

深代惇郎　うーん、〝暗殺〟されたのねえ。

里村　いやいや。暗殺ではありません。

深代惇郎　うーん。もう、病気に〝暗殺〟されたの。集合想念《そうねん》によって殺されたの。まあ……、もうちょっと長くいたら、もしかしたら、朝日は違《ちが》ってたかもしれないよな。

綾織　ああ、なるほど。そういう役割を持たれていた……。

深代惇郎　でも、私の時代は、私たちの言論が日本を引っ張っていた時代であったことも、事実ではあったんだけどね。

まあ、大川隆法さんが、私のを読んでくれてたと聞いただけでも、ちょっとうれしかったけども。

里村　ええ。

深代惇郎　ただ、その考え方は、大学に入ってから全部捨てたらしいから、まあ（笑）、〝あれ〟なんですけどね。

「ジャーナリズムの神」的存在をつくるための教育をしている

綾織　今は、どのようなお仕事をされていますか。

深代惇郎　いや、ジャーナリストっていうのは、今の世界に目を光らせる仕事もあるから、やっぱり、世界の国際情勢を見てます。

それに、ジャーナリズムの歴史が浅いからね。やっぱり、本当に、神がほとんどいないから。

綾織　はあ……。

深代惇郎　なので、何か、そういう、「ジャーナリズムの神」みたいな存在をつくり出さなきゃいけない。高天原《たかまがはら》ではないけども、ある程度、そういう神に当たるような人たちを、ちょっとつくらなきゃいけないので、今、あの世に還《かえ》ってくる人たちを教育してるわけよ。次々と還ってくる人たちをね。

綾織　ジャーナリズム全体の指導霊《しどうれい》のような仕事をされているわけですか。

深代惇郎　うん、まあ、全体とまで言えるかどうかは知らん。君があの世に来て、私のところに入門してくれるかどうか分かんないから。

綾織　（笑）

深代惇郎　入らないかもしれないし、それは分からないけど。いちおう、幸福の科学とジャーナリズムは関係あるんですよ。（幸福の科学は）非常にジャーナリズム的な宗教でしょ？

綾織　はい。

深代惇郎　世界の情勢分析《ぶんせき》を、ずーっとしてますので、陰《かげ》ながら、目に見えない支援《しえん》霊団《れい》はあるんです。

里村　ああ。なるほど。

深代惇郎　うんうん。国際情勢を分析し、日本の針路を分析するに当たって、目に見えない支援霊団は、まだいるんです。ほかにもね。

ソクラテスの弟子《でし》として古代ギリシャにも生まれている

里村　ジャーナリストの指導霊といいますと、ソクラテス様も、そのように言われることがあるのですが、ご関係はありますか？

深代惇郎　うーん、まあ、あの時代にはいた感じはするね。

里村　いらっしゃいました？

深代惇郎　うん……。するね。

里村　あ、そうですか。弟子《でし》のなかの一人として？

深代惇郎　うーん……、まあ、こんな、無名で書くコラムニストが、そんなに有名な人のはずがないけどな。

里村　いえ、ただ、二年の執筆《しっぴつ》期間で伝説になっているというのは、すごいことですから。

深代惇郎　いやあ、いやあ、まあ、そらあ、（ソクラテスの）弟子はたくさんいたからねえ。別に、授業料がそんなにたくさん要《い》ったわけじゃないので。ときどき、食べ物でも届ければ済むぐらいのレベルだからねえ。まあ、そういう意味では〝あれ〟だねえ。

里村　名前は遺っていたりしませんか？　クリトンであるとか、パイドンであるとか。

深代惇郎　うん、まあ、あるかもしれないけども、そんなにずっとはメジャーではないから。

うーん、まあ、あるよ。はっきり言えばある。

里村　え？　名前は？

深代惇郎　ある。

里村　遺っている？

深代惇郎　ある。

里村　ソクラテスの弟子として？

深代惇郎　うーん……。

里村　最後にお名前を……。

深代惇郎　うーん。クセノフォンっていう名前です。

里村　クセノフォン？　そうですか。大変な、また……。

深代惇郎　（転生が）ほかの人の名前で出てるのかな？　だけど、違うの。私なんだよ。

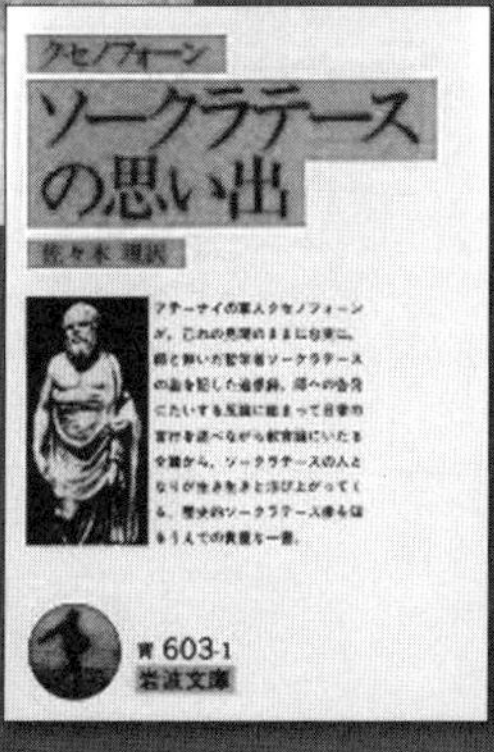

クセノフォン（紀元前430～同354）
古代ギリシャの哲学者、著述家、軍人。青年時代にソクラテスに師事し、『ソークラテースの思い出』の書で知られる。のちに、イギリスの代表的ユートピア思想家、トマス・モア（1478～1535）として転生している（『黄金の法』〔幸福の科学出版〕参照）。

里村　はあ……。そうでございますか。

深代惇郎　うん。うん。

綾織　ほう……。なるほど。

里村　すごい数の兵を率いて、遠征《えんせい》もされたりしていましたよね。

深代惇郎　まあ、このへんまで行くと、ちょっと、ジャーナリズムの〝裏〟が、全部見えてくるからいけないんだけど、確かに、哲学《てつがく》とも関係があるんだよ。

仏教僧《そう》としての転生《てんしょう》だけは「明かしてはいけないところ」

里村　仏教僧《そう》もされていましたか。

深代惇郎　うん？

里村　仏教僧です。

深代惇郎　ヘッ……。いや、知らない。それはちょっと……。何とも言えないねえ。いや、ここは厳しい。この〝球《たま》〟は厳しい。この〝球〟は、ちょっと、明かしてはいけないところなんで。

綾織　ああ、そうなんですか。

深代惇郎　うーん。この〝球〟は駄目なんだ。

里村　この〝球〟は。

深代惇郎　これは駄目だ。これは駄目だ。

里村　ああ……。

深代惇郎　これだけは駄目だ。開《あ》けない。開けられない。

里村　それでは、もう、時間がまいりましたので、この〝球〟については、また次の機会にお願いいたします（会場笑）。

「昭和の吉田松陰《よしだしょういん》たらん」と思っていた

綾織　「ジャーナリズムの裏側が見えてきた」というところについてですが、やはり、今、お名前が出たような……。

深代惇郎　いや、君も、きっと、僕《ぼく》と同じぐらいのところにいるだろうと思うからさあ。

綾織　いえ、それは分かりません が。そういう方々が、いろいろなかたちでご支援をくださっているということなんですね。

深代惇郎　だから、新しい……、何だろう？　うーん。今、ソクラテス学派と別の学派が一つできて、ジャーナリズム自体も改革に入っていると見ていいと思いますねえ。

里村　はい。

深代惇郎　いや、本当は、「日本の国体をどう変えるか」っていうことに、いちばん主眼があるので、生きてたときにできなかったことを、あの世に還って、今、やろうとしているところなんです。

綾織　ああ、なるほど。

深代惇郎　「昭和の吉田松陰《よしだしょういん》たらん」と思っていたところではあるんですけどねえ。

綾織　分かりました。

「日本をよくするために、ともに力を合わせていこう」

里村　まあ、横井小楠先生の魂であられれば……。

深代惇郎　向こうは、もうちょっと名前が大きいけど、今、私の名前は限りなく小さくて、新聞社とともに海の藻屑《もくず》になろうとしているところだから。

里村　ただ、今回の霊言をきっかけに、また大きく変わってこられると思います。

深代惇郎　もし、勝海舟《かつかいしゅう》や西郷隆盛《さいごうたかもり》、維新の志士たちが、ここに集《つど》っておられるというなら、私なんかも、もし生きていたら、あなたの代わりにそこに座《すわ》っていた可能性もあったのかもしれないねえ。

綾織　ぜひ、霊界からご指導いただけると、非常にありがたいと思います。

里村　これからも、ご指導お願いいたします。

深代惇郎　霊界の〝あれ〟は、もう、すごく難しいから、あんまり、個人を同一人物みたいに思わないで、「関係のある魂」というふうに捉《とら》えてくれればいいです。「どの部分の切れっ端が、〝イカの足〟が切れて地獄に堕《お》ちた部分」とか、そういうふうに見てくれても構わないからね。

綾織　いえ、とんでもないことです。

里村　今日の、この霊言を観《み》た方、あるいは、書籍《しょせき》にて読まれた方には、真実がきちんと分かると思います。

深代惇郎　ええ。朝日人で、死んでることを自覚してる人は、初めてかなあ。

里村　はあ（会場笑）。

深代惇郎　ええ？　もしかして。

里村　ええ。非常に珍《めずら》しゅうございました（笑）（会場笑）。

深代惇郎　じゃあ、やっぱり、大川さんが私の「天声人語《てんせいじんご》」を精読したのには、少しは意味があったんかなあ。

里村　はい。たいへんな貢献《こうけん》でございます。

深代惇郎　ああ。

里村　今日は、長時間にわたってお話をお伺《うかが》いさせていただき、本当にどうもありがとうございました。

深代惇郎　うん。まあ、君らは、朝日を潰《つぶ》さないようにはしてくれていて、批判しつつも潰さないようにはしてくれているらしいので、まことにありがたいことだとは思う。

いやあ、でも、日本の国をよくするためには、ともに力を合わせてやろうじゃないですかね。

里村　はい。

深代惇郎　「批判精神」そのものは、力としては、まだまだ役に立つところはあるからねえ。

うーん。今回は、「地下で、提携《ていけい》の申し入れ」ということです。

里村　どうもありがとうございました。

11　深代惇郎の霊言《れいげん》を終えて

あの世で調査機関をつくろうとしている

大川隆法　（手を一回叩《たた》く）少し意外な感じでした。

過去世鑑定《かこぜかんてい》等については、異論があるかもしれませんので、まだ分かりませんが、朝日系の人が過去世のようなことを語ったのは、珍《めずら》しいことです。嘘《うそ》か本当かは分かりませんけれどもね。「そういう人でありたかった」ということかもしれないし、まあ、朝日の人たちには、過去世などを信じられない人がたくさんいるかもしれませんので、〝あれ〟でしょうけれども……。

ただ、「天声人語《てんせいじんご》」という言葉、つまり、「天に声あり、人をして語らしむ」とは、まさに「霊言《れいげん》」、あるいは、「ご託宣《たくせん》」に当たる部分です。（質問者に）これは、ご託宣でしょう？

里村　そうです。

綾織　神託ですね。

大川隆法　霊言であるし、神託ということですよね。これは、当会がやっていることですけれども、そのつもりで書いていたのでしょうかね。気持ちとしては、そうだったのかもしれません。

綾織　はい。

大川隆法　まだまだ、いろいろありそうですけれども、まあ、この人は、あの世で調査機関のようなものをつくろうとしている感じですね。

里村・綾織　おお。

大川隆法　この感じから見ると、いろいろなところの情報の調査機関をつくろうとしている感じがします。うーん、まだ、本当の「魂《たましい》の本性《ほんしょう》」は分かりません。

実は、情報通信系と、霊界《れいかい》や天使たちの活動とは関係があるので。まあ、はっきり言えば、〝天声人語〟というのは、いわゆる通信役である「ガブリエル系の仕事」ですからね。

「天の心を、地の民《たみ》に伝える」ということでしょう？

里村　はい。

●**ガブリエル**　いわゆる七大天使を代表する天使の一人。ユダヤ教・キリスト教・イスラム教において、神の言葉を伝える役割を持つと言われ、現代においても「通信の守護者」と信じられている。

大川隆法　ということは、アテネの神託にも関係があるし、民主主義にも関係があるので、実はまだ、「本当は、どういう絡《から》みがあるのか」は分かりません。今日の霊言で、〝最終〟ではないと思います。

綾織　はい、そうですか。

大川隆法　裏で何かをしている可能性があると思うのです。まあ、朝日も、少しは徳を積んでいるということでしょうかね。

綾織　そういった流れでしたか。朝日のとどめにも、復活にもかかる今回の霊言《れいげん》

大川隆法　まあ、全部を信じてはいけないかもしれないけれども、死んだことを自覚

し、現在ただいまの、現在進行形のことを自覚し、批判的にも見ることができる朝日人がいたということで、やはり、「伝説の名コラムニスト」と言われたのには理由があったということは言えますね。

これが、朝日のとどめになるか、復活になるか。結局のところ、その両方にかかっているような霊言《れいげん》になりました。

里村　はい。

大川隆法　応援《おうえん》のようにも見えるし、社長に、「早く腹を切れ」と言っているようにも聞こえたので……。

里村　ターニングポイントという感じですね。

大川隆法　どちらにでも読める内容になりましたけれども、意味はあるかもしれません。

では、以上にしましょうか。

綾織　ありがとうございます。

里村　どうもありがとうございました。

あとがき

私はジャーナリズム論も重要な学問研究の対象だと思っている。宗教の側からジャーナリズムが比較分析されるのは意外すぎるかもしれない。しかし、本物の宗教なら「善悪の基準」をはっきりと持っているはずであり、「真・善・美」すべてに何らかの判断感覚を持っているはずである。

本書は一見、朝日新聞のみを論評したようにも読めるが、よくよく読み解けば、「ジャーナリズム論批判」ともなっているだろう。

もう一つの「天声人語」の意味を広くお知り頂ければ幸いである。

二〇一四年　十月三十日

幸福《こうふく》の科学《かがく》グループ創始者兼総裁《そうししゃけんそうさい》　大川隆法《おおかわりゅうほう》

『現代ジャーナリズム論批判』大川隆法著作関連書籍

『黄金の法』（幸福の科学出版刊）
『ダイナマイト思考』（同右）
『「文春」に未来はあるのか』（同右）
『元社会党委員長・土井たか子の霊言』（同右）
『「河野談話」「村山談話」を斬る！』（同右）
『景気回復法』（同右）
『「特定秘密保護法」をどう考えるべきか』（同右）
『現代の法難④』（同右）
『日米安保クライシス』（同右）
『「集団的自衛権」はなぜ必要なのか』（幸福実現党刊）
『筑紫哲也の大回心』（同右）

『横井小楠 日本と世界の「正義」を語る』（同右）

現代《げんだい》ジャーナリズム論批判《ろんひはん》
――伝説の名コラムニスト深代惇郎は天の声をどう人に語るか――

2014年10月31日　初版第1刷

著　者　　大《おお》川《かわ》隆《りゅう》法《ほう》

発行所　　幸福の科学出版株式会社
〒107-0052 東京都港区赤坂2丁目10番14号
TEL(03)5573-7700
http://www.irhpress.co.jp/

印刷・製本　株式会社 東京研文社

落丁・乱丁本はおとりかえいたします

ISBN978-4-86395-589-9 C0030

写真：アフロ

国際政治を見る眼

世界秩序《ワールド・オーダー》の新基準とは何か

日韓関係、香港民主化デモ、深刻化する「イスラム国」問題など、国際政治の論点に対して、地球的正義の観点から「未来への指針」を示す。

1,500円

カント「啓蒙とは何か」批判

「ドイツ観念論の祖」の功罪を検証する

もしカントがわかりやすい言葉で真理を説いていたら、どうなっていたか？　カント哲学の真意に迫り、唯物論・唯脳論の誤りを正す！

1,500円

夢に生きる女性たちへ

津田塾大学創立者・津田梅子の霊言

明治初期、６歳でアメリカに留学し、その後、日本の女子教育の先駆者となった津田梅子が、天上界から現代日本に必要な教育を語る。

1,500円

※表示価格は本体価格(税別)です。

大川隆法ベストセラーズ・**最新刊**

デカルトの反省論

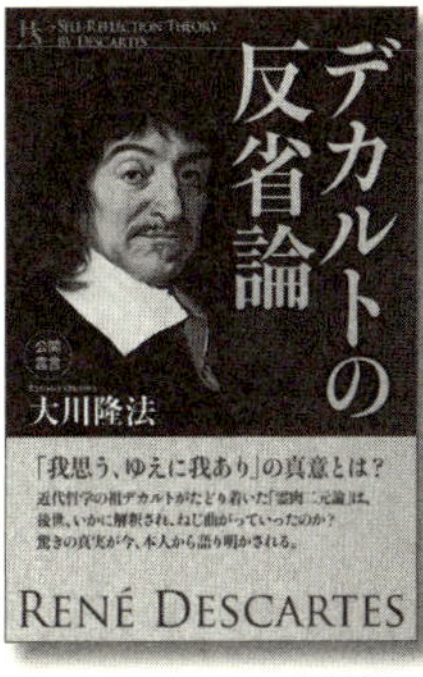

霊能力者でもあった近代哲学の祖・デカルトの「霊肉二元論」は、なぜ、唯物論解釈に悪用されたのか。「科学と宗教の両立」について訊く。

1,500円

現代の帝王学序説

人の上に立つ者はかくあるべし

リーダーは優秀でなくてはならないが、優秀なだけではリーダーになれない。競争の激しい現代に、成功し続けるための帝王学がここに。

1,500円

女性らしさの成功社会学

女性らしさを「武器」にすることは可能か

学校では教えてくれない、「あげまん」の法則。女性らしさを生かした"賢さ"とは？　この一冊が、あなたを幸運の女神に変える！

1,500円

幸福の科学出版

大川隆法 霊言シリーズ・マスコミの本音を直撃

朝日新聞はまだ反日か

若宮主筆の本心に迫る

日本が滅びる危機に直面しても、マスコミは、まだ反日でいられるのか!? 朝日新聞・若宮主筆の守護霊に、国難の総括と展望を訊く。

1,400円

筑紫哲也の大回心

天国からの緊急メッセージ

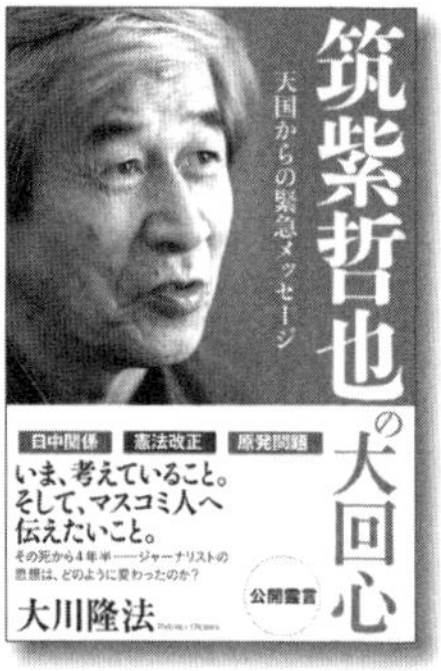

死後、あの世で大回心を遂げていた!? TBSで活躍した人気キャスターが、いま、マスコミ人の良心にかけて訴える。【幸福実現党刊】

1,400円

本多勝一の守護霊インタビュー

朝日の「良心」か、それとも「独善」か

「南京事件」「従軍慰安婦」――歪められた歴史認識の問題の真相に迫る。自虐史観の発端をつくった本人(守護霊)が告白!【幸福実現党刊】

1,400円

※表示価格は本体価格(税別)です。

大川隆法 霊言シリーズ・自虐史観に終止符を打つ

南京大虐殺と従軍慰安婦は本当か

南京攻略の司令官・松井石《いわ》根《ね》大将の霊言

自己卑下を続ける戦後日本人よ、武士道精神を忘れるなかれ！ 南京攻略の司令官・松井大将自らが語る真実の歴史と、日本人へのメッセージ。

1,400円

天に誓って「南京大虐殺」はあったのか

『ザ・レイプ・オブ・南京』著者
アイリス・チャンの霊言

謎の死から 10 年、ついに明かされた執筆の背景と、良心の呵責、そして、日本人への涙の謝罪。「南京大虐殺」論争に終止符を打つ一冊！

1,400円

神に誓って「従軍慰安婦」は実在したか

いまこそ、「歴史認識」というウソの連鎖を断つ！ 元従軍慰安婦を名乗る2人の守護霊インタビューを敢行！ 慰安婦問題に隠された驚くべき陰謀とは⁉

【幸福実現党刊】

1,400円

幸福の科学出版

大川隆法 霊言シリーズ・正しい歴史認識を求めて

守護霊インタビュー 朴槿恵韓国大統領 なぜ、私は「反日」なのか

従軍慰安婦問題、告げ口外交……。なぜ朴槿恵大統領は反日・親中路線を強めるのか？ その本心と驚愕の魂のルーツが明らかに！

1,500円

「河野談話」「村山談話」を斬る！

日本を転落させた歴史認識

根拠なき歴史認識で、これ以上謝る必要などない!! 守護霊インタビューで明らかになった、驚愕の新証言。「大川談話(私案)」も収録。

1,400円

従軍慰安婦問題と南京大虐殺は本当か？

左翼の源流 vs. E.ケイシー・リーディング

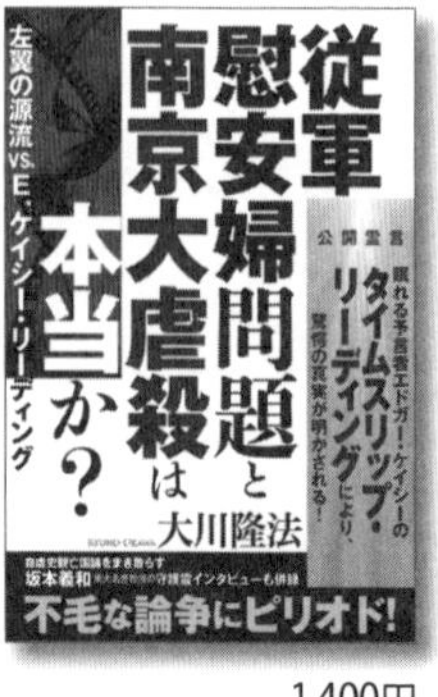

「従軍慰安婦問題」も「南京事件」も中国や韓国の捏造だった！ 日本の自虐史観や反日主義の論拠が崩れる、驚愕の史実が明かされる。

1,400円

※表示価格は本体価格(税別)です。

大川隆法 霊言シリーズ・政治家の本心に迫る

元社会党委員長・土井たか子の霊言

死後 12 日目の緊急インタビュー

「マドンナ旋風」を巻き起こし、初の女性衆議院議長にもなった土井たか子氏。護憲、非武装中立を唱えた政治家は、死後、どうなったのか?

1,400円

そして誰もいなくなった

公開霊言
社民党 福島瑞《みず》穂《ほ》党首へのレクイエム

増税、社会保障、拉致問題、従軍慰安婦、原発、国防──。守護霊インタビューで明らかになる「国家解体論者」の恐るべき真意。

1,400円

公明党が勝利する理由

山口代表 守護霊インタビュー

公明党は、政権与党で何をしてくれるのか? 選挙戦略の秘訣から創価学会との関係、そして外交・国防、憲法改正等、山口代表の本音に直撃!
【幸福実現党刊】

1,400円

幸福の科学出版

大川隆法ベストセラーズ・日本のあるべき姿を考える

「特定秘密保護法」をどう考えるべきか

藤木英雄・元東大法学部教授の緊急スピリチュアルメッセージ

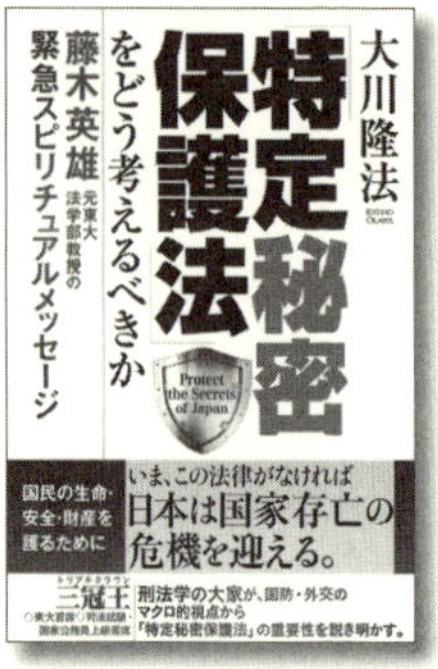

戦争の抑止力として、絶対、この法律は必要だ！ 世論を揺るがす「特定秘密保護法案」の是非を、刑法学の大家が天上界から〝特別講義〟。

1,400円

「集団的自衛権」はなぜ必要なのか

日本よ、早く「半主権国家」から脱却せよ！ 激変する世界情勢のなか、国を守るために必要な考え方とは何か。この一冊で「集団的自衛権」がよく分かる。

【幸福実現党刊】

1,500円

「現行日本国憲法」をどう考えるべきか

天皇制、第九条、そして議院内閣制

憲法の嘘を放置して、解釈によって逃れることは続けるべきではない──。現行憲法の矛盾や問題点を指摘し、憲法のあるべき姿を考える。

1,500円

※表示価格は本体価格（税別）です。

幸福の科学グループのご案内

宗教、教育、政治、出版などの活動を通じて、地球的ユートピアの実現を目指しています。

宗教法人　幸福の科学

一九八六年に立宗。一九九一年に宗教法人格を取得。信仰の対象は、地球系霊団の最高大霊、主エル・カンターレ。世界百カ国以上の国々に信者を持ち、全人類救済という尊い使命のもと、信者は、「愛」と「悟り」と「ユートピア建設」の教えの実践、伝道に励んでいます。

（二〇一四年十月現在）

愛

幸福の科学の「愛」とは、与える愛です。これは、仏教の慈悲《じひ》や布施《ふせ》の精神と同じことです。信者は、仏法真理をお伝えすることを通して、多くの方に幸福な人生を送っていただくための活動に励んでいます。

悟り

「悟り」とは、自らが仏の子であることを知るということです。教学《きょうがく》や精神統一によって心を磨き、智慧《ちえ》を得て悩みを解決すると共に、天使・菩薩《ぼさつ》の境地を目指し、より多くの人を救える力を身につけていきます。

ユートピア建設

私たち人間は、地上に理想世界を建設するという尊い使命を持って生まれてきています。社会の悪を押しとどめ、善を推し進めるために、信者はさまざまな活動に積極的に参加しています。

国内外の世界で貧困や災害、心の病で苦しんでいる人々に対しては、現地メンバーや支援団体と連携して、物心両面にわたり、あらゆる手段で手を差し伸べています。

年間約３万人の自殺者を減らすため、全国各地で街頭キャンペーンを展開しています。

公式サイト www.withyou-hs.net

ヘレン・ケラーを理想として活動する、ハンディキャップを持つ方とボランティアの会です。視聴覚障害者、肢体不自由な方々に仏法真理を学んでいただくための、さまざまなサポートをしています。

公式サイト www.helen-hs.net

INFORMATION

お近くの精舎・支部・拠点など、お問い合わせは、こちらまで！

幸福の科学サービスセンター

TEL. 03-5793-1727（受付時間 火～金：10～20時／土・日：10～18時）

宗教法人 幸福の科学 公式サイト happy-science.jp

教育

学校法人 幸福の科学学園

学校法人 幸福の科学学園は、幸福の科学の教育理念のもとにつくられた教育機関です。人間にとって最も大切な宗教教育の導入を通じて精神性を高めながら、ユートピア建設に貢献する人材輩出を目指しています。

幸福の科学学園

中学校・高等学校（那須本校）

2010年4月開校・栃木県那須郡（男女共学・全寮制）

TEL **0287-75-7777**

公式サイト **happy-science.ac.jp**

関西中学校・高等学校（関西校）

2013年4月開校・滋賀県大津市（男女共学・寮及び通学）

TEL **077-573-7774**

公式サイト **kansai.happy-science.ac.jp**

幸福の科学大学

TEL **03-6277-7248**（幸福の科学 大学準備室）

公式サイト **university.happy-science.jp**

仏法真理塾「サクセスNo.1」 TEL **03-5750-0747**（東京本校）

小・中・高校生が、信仰教育を基礎にしながら、「勉強も『心の修行』」と考えて学んでいます。

不登校児支援スクール「ネバー・マインド」 TEL **03-5750-1741**

心の面からのアプローチを重視して、不登校の子供たちを支援しています。
また、障害児支援の **「ユー・アー・エンゼル！」** 運動も行っています。

エンゼルプランV TEL **03-5750-0757**

幼少時からの心の教育を大切にして、信仰をベースにした幼児教育を行っています。

シニア・プラン21 TEL **03-6384-0778**

希望に満ちた生涯現役人生のために、年齢を問わず、多くの方が学んでいます。

学校からのいじめ追放を目指し、さまざまな社会提言をしています。また、各地でのシンポジウムや学校への啓発ポスター掲示等に取り組む一般財団法人「いじめから子供を守ろうネットワーク」を支援しています。

ブログ **blog.mamoro.org**

公式サイト **mamoro.org**

相談窓口 **TEL.03-5719-2170**

政治

幸福実現党

内《ない》憂《ゆう》外《がい》患《かん》の国難に立ち向かうべく、二〇〇九年五月に幸福実現党を立党しました。創立者である大川隆法党総裁の精神的指導のもと、宗教だけでは解決できない問題に取り組み、幸福を具体化するための力になっています。

党員の機関紙
「幸福実現NEWS」

TEL 03-6441-0754
公式サイト hr-party.jp

出版メディア事業

幸福の科学出版

大川隆法総裁の仏法真理の書を中心に、ビジネス、自己啓発、小説など、さまざまなジャンルの書籍・雑誌を出版しています。他にも、映画事業、文学・学術発展のための振興事業、テレビ・ラジオ番組の提供など、幸福の科学文化を広げる事業を行っています。

アー・ユー・ハッピー？
are-you-happy.com

ザ・リバティ
the-liberty.com

幸福の科学出版
TEL 03-5573-7700
公式サイト irhpress.co.jp

THE FACT

ザ・ファクト
マスコミが報道しない
「事実」を世界に伝える
ネット・オピニオン番組

Youtubeにて
随時好評配信中！

ザ・ファクト　検索